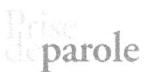
Éditions Prise de parole
205-109, rue Elm
Sudbury (Ontario)
Canada P3C 1T4
prisedeparole.ca

Nous remercions le gouvernement du Canada, le Conseil des arts du Canada, le Conseil des arts de l'Ontario et la Ville du Grand Sudbury de leur appui financier.

Everglades

Daniel H. Dugas

L'esprit du temps / The Spirit of the Time, Sudbury, Éditions Prise de parole, 2015 ; prix Antonine-Maillet-Acadie Vie.
Des ravins au bout des lèvres, Sudbury, Éditions Prise de parole, 2014.
The Moss Theory, Moncton, Basic Bruegel Editions, 2012.
Au large des objets perdus, Sudbury, Éditions Prise de parole, 2011.
Rocco, Moncton, Basic Bruegel Editions, 2011.
Hé ! suivi de *Icônes*, Sudbury, Éditions Prise de parole, 2010.
Camille, Andrew, Katrina et Compagnie, Moncton, Basic Bruegel Editions, 2007.
Même un détour serait correct, Sudbury, Éditions Prise de parole, 2006.
In transit, avec Valerie LeBlanc, Shemogue, BHP Chapbooks, 1999.
La limite élastique, Moncton, Éditions Perce-Neige, 1998.
Trinités, Shemogue, BHP Chapbooks, 1998.
Le bruit des choses, Moncton, Éditions Perce-Neige, 1998.
Les bibelots de tungstène, Moncton, Éditions Michel-Henri, 1989.
L'hara-kiri de Santa-Gougouna, Moncton, Éditions Perce-Neige, 1983.

Valerie LeBlanc

MPB-X, Critical Discourse Surrounding Ideas of Portability in Art and Art Dissemination, edited by Diana Sherlock with Valerie LeBlanc, Moncton, Basic Bruegel Editions, 2014.
The Raft: Conversations with the 5th Character, Moncton, Basic Bruegel Editions, 2012.
Living in Dangerously Smooth Times, Moncton, Basic Bruegel Editions, 2012.
Tippy's Recipe, Juicyheads, 2012 (online).
Roots in the Past, Runners into the Future, Expanded Standard Time Line, Calgary, emPRESS, 2009.
MPB Curates 2007, Calgary, Basic Bruegel Editions, 2008.
Facts and Artifacts in the Collective Matrix, 2004 (online).
Time Travel in This Moment, Calgary, Basic Bruegel Editions, 2004.
The Incredible Weight of Being Wireless, 2002 (online).
Purplefireworks, A Working Wordsite, 2001 (online).
In transit, with Daniel Dugas, Shemogue, BHP Chapbooks, 1999.
This is the Time, This is the Place – New Brunswick Media Ticks, Sackville, Struts Gallery, 1998.

Daniel H. Dugas Valerie LeBlanc

Everglades

Poésie

Éditions Prise de parole
Sudbury 2018

Photographie en première de couverture : *Pa-hay-okee*, Parc national des Everglades, Floride / Cover image: *Pa-hay-okee*, Everglades National Park, Florida
Conception de la première de couverture et de la mise en pages / Design and layout: Daniel H. Dugas + Valerie LeBlanc
Mise en pages / Layout: Olivier Lasser

Traductions / Translations
Vidéopoèmes / videopoems + Marches sonores / Soundwalks: Daniel H. Dugas + Valerie LeBlanc
Jusqu'où est-il possible de voir ? / How Far Can We See? + FLOW : Big Waters: Marie-Claire Dugas
Images : Daniel H. Dugas et Valerie LeBlanc, sauf indication contraire/unless otherwise indicated

Édition et révision / Editing: denise truax
Correction d'épreuves / Proofreading: Maude Bourassa Francœur et Camille Contré

Tous droits de traduction, de reproduction et d'adaptation réservés pour tous pays.
Imprimé au Canada.
Copyright © Ottawa, 2018

Diffusion au Canada : Dimedia

Catalogage avant publication de Bibliothèque et Archives Canada	Library and Archives Canada Cataloguing in Publication
Dugas, Daniel, 1959-, auteur	Dugas, Daniel, 1959-, author
Everglades / Daniel Dugas, Valerie LeBlanc.	Everglades / Daniel Dugas, Valerie LeBlanc.
(Poésie)	(Poésie)
Publié en formats imprimé(s) et électronique(s).	Issued in print and electronic formats.
Texte en français et en anglais.	Text in English and French.
ISBN 978-2-89744-102-9 (couverture souple).	ISBN 978-2-89744-102-9 (softcover).
– ISBN 978-2-89744-103-6 (PDF)	– ISBN 978-2-89744-103-6 (PDF)
I. LeBlanc, Valerie, auteur II. Dugas, Daniel, 1959-. Everglades. III. Dugas, Daniel, 1959-. Everglades. Anglais. IV. Titre.	I. LeBlanc, Valerie, author II. Dugas, Daniel, 1959-. Everglades. III. Dugas, Daniel, 1959-. Everglades. English. IV. Title.
PS8557.U325E94 2018 C841'.54 C2018-900465-7F C2018-900466-5F	PS8557.U325E94 2018 C841'.54 C2018-900465-7E C2018-900466-5E

Réimpression 2018

*Les milieux sauvages nous ramènent à notre humanité,
nous rappelant ce que nous avons en commun
plutôt que ce qui nous sépare.*

*Wildness reminds us what it means to be human,
what we are connected to rather
than what we are separate from.*

Terry Tempest Williams

Reproduit avec l'aimable autorisation du National Park Service,
Parc national des Everglades, photographe Abbie Rowe

Photo courtesy of the National Park Service,
Everglades National Park, Photographer Abbie Rowe

Valerie LeBlanc, Long Pine Key

Vue de la tour d'observation, Shark Valley
View from the Shark Valley Observation Tower

Vidéopoèmes
Videopoems

Aire de fréquentation diurne de Chekika
Chekika Day Use Area

Pèlerinage

Quand je veux me recréer, je cherche le bois le plus sombre, le plus épais, le plus interminable et, pour les citadins, le plus lugubre marécage. J'entre dans un marais comme en un lieu sacré – un *sanctum sanctorum*.

H. D. Thoreau, *De la marche*

Aire de fréquentation diurne de Chekika
Chekika Day Use Area

Pilgrimage

When I would recreate myself, I seek the darkest wood, the thickest and most impenetrable and to the citizen, most dismal, swamp. I enter a swamp as a sacred place, a *sanctum sanctorum*.

H. D. Thoreau, *Walking*

Image composite : amphithéâtre, Guy Bradley Trail + photographe vu de profil
Composite image: amphitheater, Guy Bradley Trail + profile of photographer

Everglades

Une heure

Les Everglades tel un sablier
chaque grain de sable, un animal.

Nous le regardons
se vider
un battement d'aile à la fois
un coup de nageoire à la fois.

Quand la dernière espèce aura disparu
que restera-t-il à documenter ?

Amphithéâtre, Guy Bradley Trail
Amphitheater, Guy Bradley Trail

One Hour

The Everglades, like an hourglass
each grain of sand, an animal.

We see it
emptying itself,
one flap of a wing,
one leap into the water
at a time.

If the last of the species disappears,
what will we document?

Exotique contre exotique, image composite : Shark River + *Ross Allen Reptile Institute*, The State Archives of Florida, Florida Memory
Exotic vs. Exotic, composite image: Shark River + *Ross Allen Reptile Institute*, The State Archives of Florida, Florida Memory

La mort, le matin (eau), image composite : *Jeune femme avec un chapeau à plumes*, Library of Congress Prints and Photographs Division, Washington, D.C. + photographie sous-marine

Death in the Morning (water), composite image: *Young woman wearing a feathered hat*, Library of Congress Prints and Photographs Division, Washington, D.C. + underwater photography

À la mémoire de Guy Bradley
25 avril 1870 – 8 juillet 1905

La mort, le matin

Ciel d'azur et eau se confondent
dans le calme de la baie de Floride,
un Ganzfeld matinal.

La voile
sur mon bateau à la dérive
s'alourdit dans la chaleur du soleil.

Me voilà à peine parti
que mon univers s'écroule.

Un coup de feu
résonne à mes oreilles
puis tout disparaît.

Mes pensées s'envolent
mon âme quitte mon corps.

Le ciel
la mer
les oiseaux
se font témoins muets.

Aigrettes
hérons
spatules
ibis
lissent leurs plumes
pansent leurs plaies en silence

bien à l'abri
dans les rookeries des mangroves.

Image composite : *Modèles de Madame Carlier*, Library of Congress Prints and Photographs Division, Washington, D.C. + photographie sous-marine
Composite image: *Modèles de Madame Carlier*, Library of Congress Prints and Photographs Division, Washington, D.C. + underwater photography

Everglades

In memory of Guy Bradley
April 25, 1870 – July 8, 1905

Death in the Morning

Cerulean blue sky and water meld,
in the early morning Ganzfeld
of a Florida Bay calm.

In the heat of the sun
the sail of my drifting boat
hangs heavy.

Not two miles from home,
my world is reduced.

A shot rings through my ears
before all sound
becomes distant.

My thoughts leave my head
and my spirit leaves my body.

Sky,
water
and the birds
bear mute witness.

Egrets
herons
spoonbills
ibis
silently preening,
licking their wounds

in the shelter
of the mangrove rookery.

La mort, le matin (plumes), image composite: *Evalyn (Walsh) McLean, 1886-1947*, portrait en pied, Library of Congress Prints and Photographs Division, Washington, D.C. + plumes

Death in the Morning (feathers), composite image: *Evalyn (Walsh) McLean, 1886-1947*, full-length portrait, Library of Congress Prints and Photographs Division, Washington, D.C. + feathers

Image composite : *Gaby Deslys, 1884-1920,* assise, portant un chapeau à plumes, le regard légèrement tourné vers la gauche, Library of Congress Prints and Photographs Division, Washington, D.C. + plumes

Composite image: *Gaby Deslys, 1884-1920*, full-length, seated, facing slightly left, wearing feathered hat, Library of Congress Prints and Photographs Division, Washington, D.C + feathers

Image composite : Hole-in-the-Donut (HID) + topiaires, Ville de Homestead, Floride
Composite image: Hole-in-the-Donut (HID) + topiaries, City of Homestead, Floride

28　Everglades

Là

Ils nous ont suivi docilement
directement des animaleries.
Nous parlions le même langage
ou du moins nous le pensions.

Nous les avons accueillis dans notre maison
et ils sont devenus des monstres.
Nous avons eu peur.

Nous les avons enfermés dans des sacs
et les avons conduits le plus loin possible
tout en leur parlant doucement
leur murmurant que tout irait pour le mieux.

Nous les avons abandonnés
dans un fossé au bout du monde.

Nous les avons regardés disparaître.
Ils ne se sont jamais retournés.

Image composite : Hole-in-the-Donut (HID) + topiaires, Ville de Homestead, Floride
Composite image: Hole-in-the-Donut (HID) + topiaries, City of Homestead, Floride

Yonder

They came in peace
from pet stores.
We spoke their language
at least we thought we did.

We brought them home
where they became monsters.
And they scared us.

We lured them into bags,
drove the farthest we could go,
talking to them softly on the back seat,
telling them that everything would be okay.

At the edge of the world,
we dropped them into a ditch.

We saw them disappear
without looking back.

Image composite : statue de bronze d'une panthère de Floride + herbes hautes près de Chekika
Composite image: bronze statue of a Florida panther + tall grass near Chekika

Everglades

Nocturne / submersion

Les fruits
qui pendaient des manguiers
retournent à la terre
entre des rangées
d'arbres abandonnés.

Tant de mûrissement enivre.

Une terre d'abord réquisitionnée
puis délaissée.

Des fruits flottent sur l'eau.
Festin pour escargots.
Les araignées attendent
patientes, qu'on s'engouffre
dans leur toile.

Moustiques, mouches à feu
et papillons de nuit
tombent dans le piège.

Les pythons de Birmanie
bien cachés
rêvent à la belle époque
du premier jardin de Floride.

En silence ils implorent Ève,
« Pourquoi nous as-tu
    abandonnés ? »

Comme un coup de chaleur
le sortilège des Everglades me saisit.

La pluie purifie
marque le retour
de la forêt luxuriante.

Panthère
est-ce ton ombre que je vois
dans les herbes hautes ?

Image composite : statue de bronze d'une panthère de Floride + herbes hautes près de Chekika
Composite image: bronze statue of a Florida panther + tall grass near Chekika

Nocturnal / Submersion

Mangos that hung uneaten
return to the land below,
between rows once tended.

Ripening intoxicates.

Requisitioned,
then abandoned.

Water floats the fruit.
Snails feast.
Spiders bide their time,
awaiting all who pass.

Mosquitoes, fireflies and moths
fall prey.

Burmese pythons,
now hiding
remember back to the glory days,
of that first Florida Garden.

They call out mutely,
"Eve, why have you forsaken us?"

Everglades spell
washes over me,
like the heat.

Rains cleanse
the return of lush.

Panther,
is that your shadow in the tall grass?

Image composite : une famille à la plage + baie de Biscayne
Composite image: a family at the beach + Biscayne Bay

Des choses

Tout est interrelié
et nous, humains,
croyons que nous sommes les messagers
chargés de faire le lien entre chaque point.
Nous apportons enveloppes
mémos et images
là où il le faut.

Nous habitons une toile fabriquée de souvenirs
et parfois, quand la lumière est parfaite
tout devient limpide.

Image composite : une famille à la plage + baie de Biscayne
Composite image: a family at the beach + Biscayne Bay

38   Everglades

Things

Things are interconnected
and we humans feel
that we are the couriers
connecting the dots,
bringing sealed envelopes,
memos and images
where they are needed.

We live inside a web of memories
when the light is good,
everything makes sense.

Coucher de soleil, Long Pine Key
Sunset, Long Pine Key

Floride, effet cumulatif

Tout en contemplant le ciel du sud de la Floride
je me prends à classer les nuages
d'après la nomenclature.

Les *cumulus*
semblent sortis tout droit
du même moule.

Véritables *cumulus comico*
ils se déploient dans une grande parade aérienne.

Comme des personnages informes de Disney
– Mickeys géants et chiens-caricatures aux nez
    mous –,
copies plagiées en triple, en quadruple,
ils se transforment dès la naissance
jusqu'à ce que leur forme de départ soit totalement
    méconnaissable.
Ils deviennent alors
cumulus
comico
maximus.

Coucher de soleil, Long Pine Key
Sunset, Long Pine Key

Florida Cumulative

As I look around this South Florida sky,
I begin to place some of the clouds
into the nomenclature that I have seen in a book.

The *Cumulus*
look as though they were pumped
out of the same mold.

Veritable *Cumulus comico*,
they float in a parade around the sky.

Like malformed Disney characters,
giant Mickeys and cartoon dogs with sloppy noses,
plagiaristic triplets and quadruplets,
each changes appearance slightly at birth
until the whole design is transformed,
becoming
Cumulus
comico
maximus.

Cumulus bourgeonnants

Là-haut dans l'immense ciel
ils donnent l'impression
de reproduire incessamment
les mêmes mouvements du vent.

Un jour, peut-être,
s'accrocheront-ils à une tempête tropicale
et se laisseront-ils emporter
dans la danse du derviche naissant.
Dans un tourbillon tellement sauvage,
une frénésie si passionnée
que nul ne pourra y échapper.

Et si la destruction se frayait alors un chemin,
au moins nous garderont-ils amusés
jusqu'à ce que la force de l'ouragan
se fasse menaçante.

Cumulonimbus
ou, en langage courant
cumulus atomicus bombus.

Quand je vois ces enfants,
je souhaite qu'ils soient
les seules explosions
possibles dans ce ciel si vaste.

Cumulus humilis,
qui flottent dans le ciel au quotidien
au-dessus des prairies où les oiseaux flânent,
qui pourraient se transformer en *Cumulus mediocris.*

Ou encore en *Cumulus congestus*, tellement engorgés
que la douce paix blanche des nuages
s'en trouverait menacée.
Ils devront alors verser leur trop-plein sur la Terre.

Quel soulagement quand, enfin,
congestus traîne derrière lui un arc-en-ciel
qu'il déploie parfaitement, lentement
au-dessus de ce petit quartier résidentiel protégé.
Les maisons aux tons pastel s'harmonisant
avec le rose, jaune, vert et bleu du ciel

Nuages, près d'Everglades City
Clouds, near Everglades City

font miroiter le pastel rose, jaune, vert et bleu
tout au long de la ligne d'horizon des
    bungalows.
Le bleu pâle du ciel et le vert des récoltes
semblent ramener les maisons,
l'arc-en-ciel et l'horizon
à l'avant-plan,
directement sur la route d'Ingraham.

Et quand le soleil baisse à l'horizon
marquant la fin d'une des journées *comicus*
les figures rubéniennes s'avancent
étalant devant tous leurs chairs paresseuses.

Du côté plus sérieux du ciel,
des joueurs de cartes à la Dickens
misent sur les succès du lendemain
où nous prendrons une fois de plus
notre place sur la terre ferme.

Nuages, près d'Everglades City
Clouds, near Everglades City

Cumulus Congestus

Up there in that big sky,
they give the impression of repeating
the same wind movements as always.

They could join up with a passing tropical storm
and dance themselves into the ensuing dervish,
whirling wildly, so fast and furiously hellbound
that none could escape their passionate frenzy.

And if destruction was to become their chosen path,
they would entertain our eyes and imaginations
only until the party might threaten hurricane force,
rendering their company no longer enjoyable.

Cumulonimbus
or, in the common language,
Cumulus atomicus bombus.

When I see those babies,
I wish them to be
the only explosions
that these spacious skies will ever entertain.

Cumulus humilis
thus named because
they float over everyday scenes,
of grasslands and birds hanging out.
They might yet become *Cumulus mediocris*.

Or *Cumulus congestus*
because they can't take another drop.
At that point,
there can be no more fluffy white peace.
They must drop their loads on the scene below.

Everyone is relieved when *congestus*
drags a rainbow
on the lower end of the bursting fluffs.
Like the day when an arc formed perfectly
over that small gated community.
Houses in pastel colors to match and complement
sky pink, yellow, green and blue
mirrored pastel pink, yellow, green and blue
along the horizon of bungalows.

With clear blue sky above all
and brilliant green foliage below,
the scene drew closer to the
foreground defined by the Ingraham Highway.

When the sun begins to set
on such a *comicus* kind of day,
Rubenesque figures emerge,
flaunting their lounging flesh in full view.

On the more serious side of the sky,
a Dickens group of card players
places bets on tomorrow's chances,
when we will once more take our places
on the earthbound plane of the landscape.

50 Everglades

Image composite : petits soldats + Site de missiles Nike HM-69
Composite image: toy soldiers + Nike Missile Site HM-69

Niké

Niké,
déesse de la victoire
s'amuse avec des jouets
et des hommes

elle les envoie au combat
sur le champ de bataille
mettant quelquefois entre leurs mains
une bombe nucléaire.

Difficile de saisir
ce que Niké a en tête
et quelle pourrait être la victoire à célébrer.

Image composite : petits soldats + Site de missiles Nike HM-69
Composite image: toy soldiers + Nike Missile Site HM-69

Everglades

Nike

Nike
the goddess of victory
plays with toys
and men alike

sends them onto battlefields
to fight one another
and sometimes
puts nuclear devices
into their hands.

It's hard to know
what this Nike has in mind
and what victory
might be celebrated.

La batture de Sweet Water
Sweet Water Strand

54   Everglades

Le marécage

Dans le marécage
il n'y a ni jour de la semaine
ni événement spécial ni jour férié.

Dans le monde moderne,
nous avons saisi chaque instant de vie
et nous l'avons brisé en mille morceaux
en fragments minuscules.

Un éclat de temps par-ici
une parcelle d'espace par-là
et un peu de poussière saupoudrée entre les deux.

Nous voilà expert à fracturer le temps
maître à mesurer le taux de dispersion
la trajectoire de toute chose.

La batture de Sweet Water
Sweet Water Strand

Everglades

In the Swamp

In the swamp,
there are no days of the week,
no special events, no holidays.

In our civilized world, we have
taken all of the moments of life
and broken each down
to its smallest increment.

A little parcel of time here,
a little parcel of space there
with dust sprinkled on everything in between.

We are experts at smashing time,
masters at measuring the rate of dispersion,
the trajectory of all things.

La batture de Sweet Water
Sweet Water Strand

La batture de Sweet Water

Une décapotable
s'aventure sur le pont.

Un homme en descend,
sa chemise bleue trempée de sueur.
« Ça doit être ici l'endroit
pour prendre une photo. »

Il dit cela sans attendre de réponse,
marche vers le coffre de la voiture,
l'ouvre tout en dissimulant ses gestes.

Ses bras bougent lentement,
j'ai l'impression qu'il arme un fusil.

Il se retourne
tenant une caméra
et vient se placer tout près de moi.

Au moment où je remarque
ses yeux glacés,
il brise le silence
pour une deuxième fois.
« Les couleurs sont vraiment belles. »

Il prend la photo
retourne à sa voiture
s'en va.

Je reste là
comme devant les mystères
de l'Univers
contemplant la nappe aquifère
et le lent mouvement de l'eau.

Je pense à ces couleurs
qui sont effectivement
« vraiment belles ».

La batture de Sweet Water
Sweet Water Strand

Sweet Water Strand

Top down convertible
climbs onto the bridge.

Man in blue shirt emerges,
soaked with sweat,
"This must be the place
to take a picture."

He throws it
as if he is not expecting an answer,
walks to the trunk and pops the lid,
shielding his actions from view.

His arms move slowly
and I worry
that he is preparing a weapon.

He turns,
holding a camera
and walks close to where I stand.

With eyes glazed over,
he breaks the silence
for a second time,
"The colors are really something."

He takes one photograph,
walks back to his car
and drives off.

Left to ponder
the mysteries of the Universe,
I look down at the aquifer and
the slow-moving water.

I think,
"The colors are really something."

Arrêt de porte « Giant Foot », Daniel Beard Center
"Giant Foot" rubber door stop, Daniel Beard Center

Chekika, l'abandonnée

Elle avait vu une photo de la fontaine de Chekika et cela lui avait rappelé les vestiges d'un paradis perdu. L'image avait rouvert en elle une blessure esthétique qui ne se refermerait que si elle remontait à la source. Elle arrêta sa voiture au bout de la route, puis se prépara mentalement à entrer dans un territoire interdit. Terrain en friche et édifices abandonnés l'attendaient. Elle se glissa sous une barrière cadenassée.

Les plantes sauvages ayant envahi le parc, l'abondant feuillage dissimulait sûrement de dangereux serpents. Elle s'arrêta devant le pavillon délabré des gardes forestiers. La porte d'entrée, qui ne tenait qu'à moitié, ressemblait à un bossu fantomatique. À l'intérieur : des décombres poussiéreux éparpillés au sol, un classeur aux tiroirs ouverts, un aspirateur. Dans un coin, une canette de bière vide et un contenant de repas à emporter suggéraient que quelqu'un campait sur les lieux. On aurait dit les ruines de Tchernobyl sans la fête foraine. Elle décida de ne pas s'aventurer dans la deuxième pièce. Malgré la chaleur du soleil, une forte odeur de moisi flottait dans l'air et elle retourna rapidement à l'extérieur reprendre son souffle. Plusieurs sentiers s'ouvraient devant elle, comme autant de promesses d'une grande liberté. Elle en choisit un qui bifurquait à droite.

Elle entendait le coassement des grenouilles qui montait des fossés inondés. Des oiseaux voletaient tout là-haut de branche en branche alors que les insectes, moins timides, revendiquaient leur territoire. Papillons et libellules s'affairaient tout près tandis que les cigales chantaient et que les moustiques la pourchassaient sans relâche. Elle trouva des restes (intestins et moelle épinière qui avaient séché sur l'asphalte), mais ne vit pas d'animaux vivants. Plus loin, le silence du paysage s'imposa à elle, en même temps que la constatation que cet ancien lieu de plaisance était devenu un endroit déserté. Elle se souvint alors de la « zone », rendue célèbre dans le film *Stalker* du réalisateur russe Andreï Tarkovski. Elle poursuivit son chemin dans le parc jusqu'à ce qu'elle arrive devant une centrale électrique abandonnée. Le monument se dressait tel un artéfact d'une technologie obsolète.

Pavillon des gardes forestiers, aire de fréquentation diurne de Chekika
Park Ranger's kiosk, Chekika Day Use Area

D'après la carte, la grande fontaine se trouvait à l'entrée du terrain de piquenique. Après avoir passé une deuxième barrière, elle s'immobilisa, comme paralysée : tout autour, les arbres étaient enchevêtrés les uns aux autres, les vignes enlaçaient le reste, autant de signes que la forêt sauvage reprenait ses droits sur ce que l'humain avait créé. C'est à ce moment-là qu'elle eut un vertige, le temps sembla s'être arrêté. Une cabane et deux petites fontaines se trouvaient à l'intérieur de l'aire de piquenique. La première, en acier inoxydable, brillait avec autant d'intensité que le jour où on l'avait installée. La seconde, plus petite et construite à la main, ressemblait à un modèle réduit de la fontaine de Chekika. Un amas de pierres encastrait la tuyauterie et donnait à la construction un aspect monumental. Si ces fontaines abandonnées avaient jadis été des fontaines de Jouvence, elles avaient perdu aujourd'hui toute leur force. Ce fut sa dernière pensée lucide.

Elle ne s'était jamais sentie concernée par la colonisation. Pourtant, en passant sous la deuxième barrière, elle s'était sentie assaillie par l'ampleur des acquisitions faites par les Espagnols, par la terreur de l'Inquisition, par l'intrusion physique et spirituelle opérée sur le territoire. Elle vit la conquête hanter les fossés inondés, les nénuphars au-dessus desquels voltigeaient d'innombrables papillons, et même les panneaux qui avertissaient le public du taux élevé de mercure. Sans y penser, elle se mit à prier, à bénir le site comme pour le libérer de l'emprise du temps. Elle se mit à agiter son parapluie télescopique (qui lui servait à détecter les serpents qui pouvaient se dissimuler dans l'herbe) d'un côté puis de l'autre, comme un encensoir. En même temps, elle récitait un chant de purification en latin. Le parapluie oscillait au-dessus du sol pendant qu'elle se déplaçait d'avant en arrière : « *In nomine Patris et Filii et Spiritus Sancti... In nomine Patris et Filii et Spiritus Sancti... In nomine Patris et Filii et Spiritus Sancti...* » Cette formule liturgique, enfouie dans les profondeurs de sa mémoire, avait resurgi spontanément.

Puis, elle s'en alla, abandonnant là ses recherches pour retrouver la grande fontaine de Chekika. On lui dit plus tard que cet endroit servait encore de champ de tir communautaire. Des habitants de la région y jetaient au rebut leurs objets domestiques indésirables et les utilisaient ensuite comme cible. Divans, réfrigérateurs et autres appareils électroménagers s'étaient ainsi fait massacrer. Le plomb des munitions et les fragments de meubles parsèment les environs, comme les témoins muets de fusillades.

Au lieu de retourner vers le pavillon des gardes forestiers, elle choisit d'emprunter le chemin qui contournait le parc. Elle passa devant un édifice abandonné qui avait servi d'atelier. Des graffitis rageurs en habillaient les murs extérieurs, mais il n'y avait plus personne désormais pour témoigner de leur colère. Elle remarqua avec soulagement que les bidons d'essence abandonnés le long du mur n'avaient pas été utilisés pour brûler le bâtiment.

Parfois, l'alchimie des ruines provoque une réaction physique si intense qu'une chose profondément enfouie au fond de nous s'ouvre comme une blessure ; nous ressentons alors remonter dans l'urgence un événement passé oublié et dangereux. Elle sentit que le patient travail de réhabilitation du terrain permettrait d'en extraire le poison et cette opération de purification la libérait de ses angoisses.

Sur le chemin du retour, elle aperçut un camion monstre sur la route déserte. Il ralentit en doublant sa voiture et s'arrêta un peu plus loin. Après un moment, le camion fit demi-tour puis disparut au bout de la route. Elle soupira de soulagement. Venait-elle, bien malgré elle, de provoquer un *corpus depositus interruptus* ou s'agissait-il simplement de quelqu'un à la recherche d'un lieu tranquille ? Elle empoigna son microphone-canon et le mit sur son épaule comme si c'était un fusil ; elle était prête à tirer.

Everglades

Coordonnées/Coordinates: 25° 37' 2.68"N 80° 34' 45.26"W

Chekika, the Abandoned

She saw a photograph of the Chekika Fountain and it struck her as a remnant of a lost paradise. It opened an aesthetic wound that had to be traced back to its source. She stopped the car at the end of the road and braced herself to enter that forbidden territory of abandoned buildings and unkempt grounds that announced its state of ruin. She passed under the chained gate.

All is overgrown with green and threatening to house dangerous snakes. In the Park Ranger's kiosk, an empty file cabinet and a shop-vac hint of catastrophic disaster. As if the humans walked out one day, never to return, it resembles the Chernobyl photographs without the ruins of the funfair. Inside the warped screen door, an empty beer can and take-out chicken box suggest to her that someone might be camping out there. She decides not to look around the corner into the second room. In spite of the hot sun, the air in the kiosk is dank and she quickly steps back outside to catch her breath. The open pathways promise freedom to wander and she starts down one that leads off to the right.

At first, she could hear the croaking of frogs hiding in the water-filled trenches. Birds flitted through the branches, keeping their distance. As always, the insects were not as timid; butterflies and dragonflies openly claimed their airspace, cicadas chirped and the ever-persistent mosquitoes hounded her. But the only other trace of an animal she saw was a spinal cord and intestinal system, dried out on the pavement. She guessed that it was the undigested part of someone's meal. Further down the path, the deserted landscape began to impose the heavy silence of a wasteland that had once nurtured the leisure of humans. She was reminded of Tarkovsky's "Zone" in the *Stalker*, and a short distance further, she came to the abandoned power station, another artifact of the wasted potential of obsolete technology.

According to the map, the big fountain was very close to the gates of the picnic grounds. But when she passed through a second set of gates, something struck her and she could go no further. At first, she was aware of the signs; the obvious entanglement of nature replacing that which humans once found useful to care for. Then, she lost track of conscious thought. Inside the picnic area was a small cabin with two drinking fountains outside. One was of stainless steel and still shone brightly; the other had been built up like a model of the big fountain that she had come searching for. A little mountain of rocks encased the plumbing, giving it a monumental appearance. Abandoned water fountains, if this was once a Fountain of Youth, a place of revival, it seemed that its potential was now lost. That was her last clear thought.

She had never felt a direct association with Colonization, but suddenly, upon passing through the second set of gates, all of the Spanish Acquisition, Inquisition, spiritual and physical trespassing came rushing forward to her in time. She saw it haunting the lily-filled canals with fluttering butterflies and signs posted to warn of high mercury levels. Without any conscious realization of purpose, she began a simple and spontaneous act, an exercise of blessing or extricating the time lock of the site. Holding the telescopic umbrella that she had been using to sweep for snakes, she passed it back and forth in the same manner that a Catholic priest and his altar boy would swing an incense burner. Along with the gesture, she recited a purification chant in Latin. Waving the umbrella, she turned slowly again and again, retracing her steps, "*In nomine Patris et Filii et Spiritus Sancti... In nomine Patris et Filii et Spiritus Sancti... In nomine Patris et Filii et Spiritus Sancti...*" She only knew a few Latin phrases and this one had been buried far back in her early childhood.

After that, she left, without looking further for the third and larger fountain that she had started out to find. She was later told that the place was not only a picnic ground, it had also served as a recreational shooting gallery. People dumped unwanted household objects there and used them for target practice. Couches, refrigerators, and other objects were massacred, their broken shells filled with the heavy metals of modern ammunition. Slugs bear witness but state no argument to actions.

Instead of walking directly back to the Ranger Station, she took the path that looped around the site. On the way, she passed another abandoned building, a workshop. Grafitti shouted angrily from the walls. They begged for audiences that would not pass by. Her mood lifted when she saw that gas cans stored next to the angry words were untouched, that no further vandalism was enacted there.

The alchemy of ruins sometimes works its magic when the inside of us opens like a wound, and we feel the urgency of a dangerous and forgotten event rushing forward to us. The restoration would remove the soil poisoned by target practice and she was ready to let all of that go.

As she walked back to her car, she saw a white monster truck cruising down the deserted road. It slowed down to look at her car and then went just a few yards further. To her relief, when it turned around to glide back, it kept moving and left the scene. Was it *corpus depositus interruptus* or just someone looking for a deserted site to pass some time? She moved her shotgun microphone onto her shoulder, pretending to herself that it was a rifle, ready for use if needed.

Chekika, la zone

Chekika, monde perdu, abandonné, envahi par la végétation, par le silence. Autour de la barrière affaissée s'enroulent une chaîne et son cadenas, inutiles. Ici et là, des écriteaux avisent le public de la fermeture du parc et de l'interdiction d'y entrer. Comme il pleuvait, nous avions décidé de patienter quelques instants dans la voiture. On raconte que des pythons de Birmanie rôdent dans le parc et cela nous inquiétait. Sur une grande carte des Everglades épinglée au mur de notre résidence, un des artistes avait écrit le mot PYTHONS à côté de celui de Chekika. Comme nous sommes tous deux respectueux du pouvoir des mots, encore plus quand ils sont écrits en majuscules, nous avions décidé d'être prudents.

L'air était lourd. Rien ne bougeait autour de nous. Nous avons marché pendant un certain temps sur une route sans issue. Au bout du cul-de-sac, le pavé était en mille morceaux, comme après un bombardement intense. Les arbres et le ciel étaient reflétés dans des flaques d'eau. Un papillon s'est approché, puis est reparti. Nous sommes passés devant une cabane abandonnée, des toilettes extérieures en désuétude, une clôture délabrée. Nous avons débouché sur une clairière au lampadaire avalé par les vignes et puis nous nous sommes retrouvés devant un édifice en ruines. Sur un poteau, un coffret électrique vomissait ses entrailles, dont un téléphone qui y pendait, sans vie. Le site ressemblait à une scène du film *Stalker* et nous avions le sentiment que notre présence ici constituait une intrusion. Dans le film, on racontait qu'au centre de la « zone » se trouvait un lieu magique où tous les désirs pouvaient être réalisés. Parce que l'endroit était dangereux, un passeur y guidait les protagonistes. Je me souvenais du film, de ses images saisissantes de ruines, de nature, d'eau et de pluie. Chekika est une zone, sans aucun doute, mais il est difficile d'imaginer qu'on puisse y réaliser quoi que ce soit ; quel rêve pourrait survivre dans cet environnement étouffant ?

Graffitis sur un bâtiment d'entretien
Graffiti on a maintenance building

Un peu plus loin, nous sommes arrivés devant un bâtiment d'entretien. Ses portes étaient ouvertes. Des bidons d'essence vides traînaient çà et là, comme si les occupants avaient quitté les lieux en panique. Sur les murs, des graffitis hurlaient leur colère. Le plus grand des dessins ressemblait à ceci :

PBRIGANDS
UTAIN DE POLICE

Le P faisait de toute évidence partie de UTAIN et non de BRIGANDS.

Dans la clairière se trouvaient deux fontaines d'eau potable : une plus ancienne en pierre aux tuyaux rouillés et l'autre en acier inoxydable aux tuyaux de plastique. Des fontaines de Jouvence taries, derniers vestiges d'un rêve, d'une utopie.

Coordonnées/Coordinates: 25° 36' 51.60"N 80° 35' 3.51"W

Chekika, the Zone

The lost world of Chekika: abandoned, overgrown, desolate, a place of silence. The gate is down. A chain is wrapped around the barrier; a heavy padlock. There are warning signs to keep out. We waited in the car for the rain to subside before going in. We are nervous about snakes. Someone had written on a map, left at the residency, the word PYTHONS beside Chekika. As we both respect the power of words, especially ones written in capital letters, we are proceeding with caution.

The air is heavy, it seems that the earth stands still. We follow a paved road until it ends. It is half gravel, half broken cement. It feels like any other back road. The puddles reflect the trees, the sky, a butterfly comes by, then disappears. We pass an abandoned shed, old restrooms, a fence with no gate, a clearing, more light; then some ruins, a large cement building. There is an electrical box with its door open; a phone inside, broken railings. It looks and it feels like the "Zone" in the movie *Stalker*. Chekika is a forbidden zone. Maybe we should not be here. In the movie people want to go there, to be in the zone where they will fulfill their innermost desires. I remember the movie, the haunting images of the ruins, the nature, the water, the rain. Chekika is a zone, for sure, but it is hard to believe that any desire can take shape here. What dream can survive when there is no air to breathe?

Further down the path, we find a maintenance building. The doors are open. Empty gas cans lay scattered as if the occupants had fled in a hurry. Graffiti on the wall still yells in anger. At first, it looks like:

FOUTLAWS

UCK DA POLICE

But, after a moment, it becomes apparent that the F belongs to UCK and not to OUTLAWS.
In the clearing, we find two drinking fountains; one old, in stone with rusted pipes and another one in stainless steel with plastic pipes. It is like finding the Fountain of Youth but with no water: a ruin of a dream, of an utopia.

Aire de fréquentation diurne de Chekika
Chekika Day Use Area

Un tout petit point de lumière

Loin, loin au fond des bois, se trouve une forêt abandonnée digne d'un conte de fées. Lieu de ténèbres et de terreur, on hésite à y entrer. Le feuillage y est si dense, le couvert forestier, si épais, que le vent ne peut y pénétrer et les arbres, immobiles, dorment d'un profond sommeil. La nuit, l'impression que quelque chose se cache dans les buissons, guettant sa proie, est amplifiée. Chaque bruissement devient fracas, chaque mouvement surprend.

La forêt de manguiers n'a pas été entretenue depuis très longtemps. Une multitude de plantes sauvages a poussé dans les fossés et envahit désormais les arbres plantés en rangées symétriques. Dans cette plantation inactive, plus aucun camion ni travailleur migrant ne circule. On ne parle plus, on ne rit plus ; ne restent que mangues et silence. Désormais, les fruits vivent et pourrissent sur place dans un cycle qui se renouvelle année après année. À notre arrivée, nous avons remarqué tout de suite la multitude de mangues qui recouvraient le sol. La chair jaune des fruits mûrs scintillait dans la nuit alors que des limaces les enveloppaient lentement de leur mucus. Des fruits en décomposition, tout noirs et ratatinés, avaient entrepris leur patient retour à la terre ; l'air fétide se répandait. D'autres fruits pendaient des arbres comme autant d'épées de Damoclès, fruits violets attachés par de longs cordons ombilicaux. Les manguiers ne sont plus seuls ; d'autres espèces ont pris racine. Les faux poivriers, interdits en Floride, ont proliféré en toute liberté et s'enroulent autour des manguiers, les étranglant en les embrassant. Deux espèces exotiques se livrant bataille dans le silence de la nuit. Une bannière criarde pourrait annoncer ainsi le combat : « Faux poivrier c. Manguier ! » – une version silencieuse de *lucha libre*. Située en plein milieu de la zone désignée d'atténuation des inondations, la plantation a été abandonnée et le niveau des eaux a déjà commencé à monter. On tente de réparer le gâchis occasionné par les premiers ingénieurs, de retourner là où nous aurions dû rester.

Tom marchait devant moi. Il connaissait bien la forêt. Il scrutait la nuit avec sa lampe de poche, tentant de repérer les pythons qui pourraient se dissimuler sous le feuillage. Même si le rayon de sa lampe ne faisait qu'un tout petit point de lumière dans la nuit noire, j'avais placé au centre de cette lumière qui ne cessait de bouger mes doutes et mes angoisses.

Tom Rahill, près de Chekika
Tom Rahill, near Chekika

Everglades

Coordonnées/Coordinates: 25° 36' 6.79"N 80° 34' 41.79"W

A Ridiculously Small Spot of Light

Deep in the woods, far, far away, there is an abandoned forest. A fairy tale forest, of darkness and fear, a place where no one goes anymore. A forest so dense, its cover so thick that very little wind comes through. Trees stand silent. At night, the impression that something is lurking is magnified. Any rustling seems loud, any movement rapid, sudden.

This is a mango grove, but a grove is usually a place without many bushes or plants underneath and this is not the case anymore. This one is overgrown. The mango trees are planted in large rows and the ditches are filled with other plants and fallen limbs. There is no longer cultivation, or scientific management of anything. There are no trucks filled with migrant workers coming for the harvest. No voices and no laughter. Only the crops and the silence. This place is now on its own, until the end of it; until the end of this crop and the next one to come, maybe. Many fruits have already fallen from the trees, their yellow flesh covered with snails. Other fruits are rotting, dark and shriveled, almost part of the land again; the smell is fetid. And then there are the purple fruits, still hanging high above, with their long umbilical cord, thin as horsehair, dangling, as many Swords of Damocles. The mango trees are not alone. Other species have taken root. The Brazilian Pepper, a plant prohibited here, is slowly wrapping itself over the mango trees. Two exotics fighting in the silence of the night: a fight with no witnesses. The banner could read, "Brazilian Pepper vs. Mango!" – a quiet form of *lucha libre*. With its waters slowly rising again, this place is a write-off. "Flood mitigation" they call it; going back to where we were and shouldn't have ventured from, to where we are now. This is the story of engineers working hard to fix the mistakes of other engineers. Every vision has pitfalls, I guess.

Tom walks ahead of me. He is familiar with this forest. He is looking for pythons that could be hanging from the trees. The beam of his powerful flashlight makes a ridiculously small spot of light in the forest, but this is where I place all of my doubts and anxieties, at the center of a light that keeps moving.

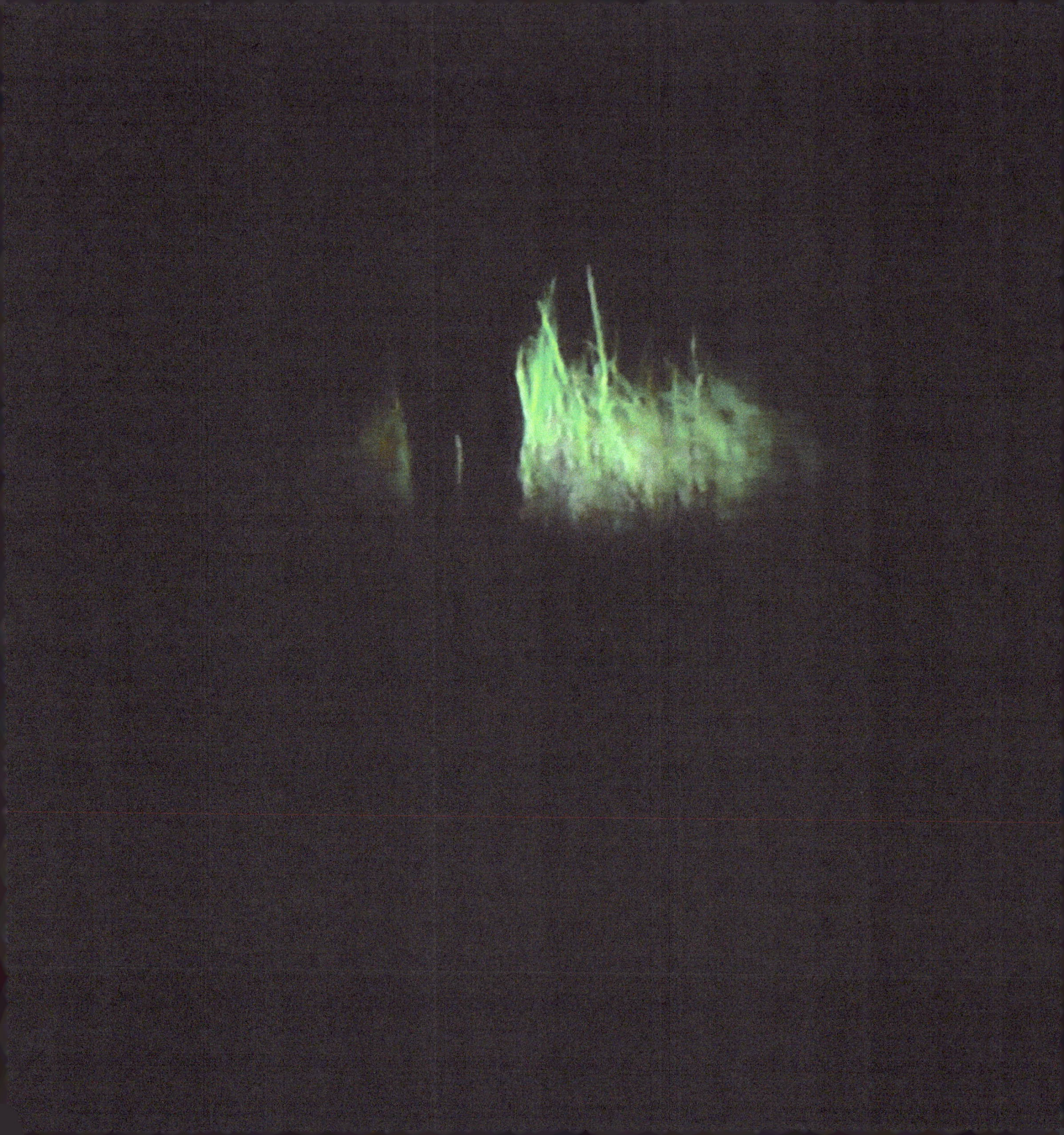

Désertion nocturne

Dans l'obscurité rarement explorée,
un mince chat noir
s'élance sur la ligne jaune
d'une route secondaire
disparaît dans le feuillage épais
beaucoup plus haut que lui.

J'arrête la voiture et je descends.
Quelque chose bouge dans un buisson,
une brise masque sa provenance.
Je ne vois pas le chat sauvage, mais j'entends son cri.

La pleine lune se lève à l'horizon,
une ombre traverse la route
à l'endroit même où le chat a disparu.

Je me demande :
« Panthère, est-ce toi qui veilles sur ton cousin ? »

Dans ce paradis perdu,
les mangues pendent de leur cordon ombilical
tels des bébés qui attendent qu'on vienne les cueillir.

Tom Rahill dans la forêt de mangues
Tom Rahill inside the mango grove

L'envoûtante odeur des fruits mûrs
soûle celui qui s'en approche.

À cette heure tardive,
Python l'invisible
monte la garde du haut de la canopée.

Le chasseur guette, tandis que des voix humaines s'estompent
dans la lumière des lampes de poche.

Sous le perchoir de Python,
deux hommes disparaissent dans l'immensité du jardin délaissé,
dans les vergers
aujourd'hui abandonnés.

Les hommes marchent prudemment,
esquivant les toiles d'araignées.

Après un temps,
ils rentrent les mains vides
et je leur demande ce qu'ils ont vu.

« Rien. »

Une averse arrive à point
chassant momentanément
l'accablante lourdeur de l'humidité.

Le python birman
caché au fond de la forêt
se souvient de la belle époque,
du premier jardin de Floride.

Il se lamente en silence,
« Ève, pourquoi m'as-tu abandonné ? »

Les araignées attendent le moment propice pour saisir
moustiques, lucioles et papillons de nuit
grands voyageurs qui s'aventurent près des toiles
au risque à tout moment de se faire prendre.

Les hommes repartent
laissant la nature suivre son cours.
Les fruits mûrissent, tombent et pourrissent au sol.
Dans les crues éclair, les limaces festoient.

Les fruits enrichissent cette terre d'abord réquisitionnée,
maintenant abandonnée.

La chaleur des Everglades m'envahit.

La pluie ne purifie que la couche visible,
alors que dans les profondeurs
la forêt luxuriante reprend ses droits.

Coordonnées/Coordinates: 25° 36' 6.98"N 80° 34' 30.98"W

Nocturnal Desertion

In the darkness of the seldom taken
a thin black cat
dances out onto the yellow line
of a secondary highway,
before vanishing into thick foliage
six-foot higher than he.

I stop the car and get out.
Something rustles in the bushes
as a breeze disguises the direction.
I hear the yowl of the feral but see nothing.

As the full moon lifts over the horizon,
a shadow flashes across the road
in the direction taken by the cat.

I wonder,
"Panther, is that you watching over your cousin?"

In this lost paradise,
mangoes hang from umbilical cords
like babies waiting to be claimed.

The smell of ripe fruit is welcoming,
instantly intoxicating to all who wander close.

At this late hour, Python,
unseen,
keeps watch from on high in the canopy.

The hunter observes as human voices trail off behind flashlight orbs.

Beneath his perch,
two men disappear into the vast, deserted garden,
into the groves once tended.

The men tread lightly,
dodging spider lairs.

Later
they return empty handed
and I ask what they saw.

"Nothing."

Sudden rain
cools the scene
until humidity catches its breath
and fills the air once more.

Burmese python,
now hiding deeper,
remembers back to the glory days,
of that first Florida Garden.

His mournful lament
is muted as he calls out,
"Eve, why have you forsaken me?"

Spiders bide their time.
Mosquitoes, fireflies, and moths—all frequent flyers
continue to run the risk of entrapment.

Nothing changes in the grove as the men drive off.
The harvest left hanging returns to the land below.
Floating in the flash flood, tree snails feast.

Requisitioned, deserted, fruit falls to enrich the cycle.

Everglades heat washes over me.

Rains cleanse the surface.
And beneath, the lush returns in silence.

La dernière panthère

Je voulais traverser le parc des Everglades depuis longtemps, mais ce n'est qu'aujourd'hui que j'entreprends le voyage. Je tenais à sortir de la ville et à venir voir la nature sauvage, les animaux qui y vivent. Des amis m'avaient dit que les habitants de la forêt se déplaçaient et chassaient la nuit, que c'était le moment où la forêt s'éveillait. Je suis donc parti à l'aube et j'ai conduit toute la journée. La route s'étirait sans fin et le soleil se couchait au moment où je suis entré dans le parc. Sur la route, j'avais imaginé toutes les espèces animales que j'allais rencontrer : serpents, hiboux, visons et panthères. Ah ! la panthère, l'insaisissable panthère de Floride. J'ai longtemps cru qu'elle était noire – c'est ainsi qu'on la dépeint sur les panneaux de signalisation – et qu'il serait donc pratiquement impossible de l'apercevoir au beau milieu de la nuit. Or, la panthère des Everglades n'est pas noire, elle est de couleur havane.

Me voilà arrivé au parc. Je suis maintenant avec eux. Nous sommes tous ensemble. Je ralentis à vingt milles à l'heure, j'ouvre les fenêtres, l'air chaud s'engouffre dans la voiture. J'entends les pneus sur l'asphalte. Le long du chemin, des cailloux se sont incrustés dans le caoutchouc et les pneus font un bruit d'enfer ; on dirait un danseur de claquettes fou : tac-a-tac-a-tac-a-tac-a-tac-a-tac. Les criquets et les grenouilles taureau chantent. Les lucioles clignotent et virevoltent, on dirait des étoiles filantes. Je m'arrête sur le bord de la route, au milieu de la galaxie. J'éteins le moteur. Je deviens le rythme de toutes choses vivantes, je fais corps avec l'obscurité et l'air chaud, je suis une molécule du chant sauvage. J'aurais pu m'endormir dans les bras de la nuit, mais les moustiques m'ont trouvé avant que je puisse m'assoupir. J'ai rapidement remonté les fenêtres et remis la climatisation en marche. L'air froid de la civilisation m'enlaçait de nouveau.

Au bout de la route, il y a un endroit qu'on appelle Flamingo. Un joli nom pour ce village du bout du monde. En 1893, le Bureau de poste américain y avait ouvert un comptoir postal et invité les villageois à proposer un nom pour le baptiser. Chaque bureau de poste a besoin d'indiquer un nom de lieu sur les enveloppes qu'on y affranchit. Les habitants de la région avaient d'abord pensé au nom limitrophe de Bout du Monde. Ils se sont finalement ravisés et lui ont préféré Flamingo, comme l'oiseau (le flamant rose) qu'on voyait souvent à l'époque, mais qui ne vient plus dans la région depuis longtemps. Mais avant d'arriver à Flamingo, il me reste beaucoup de chemin à parcourir. Comme il n'y a pas de lampadaires, tout autour il fait nuit noire. Les phares de la voiture s'étirent comme deux longs doigts de lumière grattant le bitume. Je regarde droit devant et sur les côtés en même temps. J'entrevois une forme allongée disparaître dans les herbes hautes : un serpent. Je vais soit trop vite, soit trop lentement. Déjà, il a disparu avant que je puisse l'identifier.

C'est alors que j'ai commencé à m'inquiéter. Et si une panthère traversait soudainement la route, bondissait devant moi, est-ce que je pourrais m'arrêter à temps ? Ou est-ce que je la frapperais ? J'étais terrifié à l'idée de tuer ce qui pourrait bien être la dernière panthère sur Terre. Que dirais-je à mes enfants si cela m'arrivait ? Mon cerveau passait en revue tous les scénarios possibles. Je m'imaginais sur l'accotement de la route en train de la regarder rendre son dernier souffle. Instinctivement, je lève le pied de l'accélérateur et mes mains serrent le volant avec une force décuplée. Je me projetais au-delà des faisceaux lumineux de l'automobile, au point de me sentir à la fois dans la voiture et sur la route. Vers trois heures du matin, nous sommes arrivés, mon double et moi, à Flamingo.

Le stationnement de la marina était vide. J'ai éteint le moteur et les phares de la voiture, soulagé d'avoir évité une tragédie. Dans le silence qui m'entourait, j'ai repensé à cette traversée, à ce qui m'avait amené à être ici dans cette nuit sauvage et à l'appréhension soudaine que j'avais vécue à l'idée de voir apparaître même le plus petit animal.

Nous vivons dans un monde où voir est devenu synonyme de croire, où la vue d'une chose est la condition de son existence. Mais quelle place accorder au témoignage visuel ? Pourrions-nous être heureux du seul fait de savoir que des animaux sauvages vivent ici ? Est-ce que le bruissement dans l'herbe pourrait suffire à nous en convaincre ? Les animaux peuvent-ils exister sans qu'on les voie ? Moi, ça m'irait. Si nous marchons parfois côte à côte sans nous rendre compte de la présence de l'autre, pourquoi ne pas se réjouir du fait que nos mondes sont tout à la fois singuliers et pluriels, parallèles et entrelacés ?

Coordonnées/Coordinates: 25° 19' 35.31"N 80° 47' 55.39"W

The Last Panther on Earth

I had been thinking about doing this for a long time, but had never undertaken it until now. I wanted to leave the city behind and come here to the wilderness for one night, to see animals. Friends had told me that it is mostly during the night that many animals hunt and move around. So, I left before sunrise and drove all day. The road seemed endless and the sun went down just as I entered the Park. Along the way, I had time to think about all the animals that I might see, snakes, owls, mink and panthers. Yes, panthers, of course, the elusive panthers. For a long time, I believed that they were black, as shown on the road signs, and that they would be difficult to see at night, but I know now that panthers are tan and not black.

I am in the Park now. I am with them. We are all together now. I slow down to 20 miles per hour and open the windows to feel the warm air. I can hear the tires on the asphalt. The pebbles gathered along the route are embedded into the rubber and it sounds like a tap dancer going crazy. Click-a-click-clack! Click-a-click-clack! The crickets and the bullfrogs are singing. Fireflies zoom by, blinking all around like shooting stars. I stop on the side of the road, in the middle of the galaxy and turn off the motor. I become part of the rhythm of all things alive, part of the darkness and the warm air, part of the song of the night. I might have fallen asleep right there if I'd had the chance, but the mosquitoes found me and drank my blood. I quickly closed the windows and put the A/C on before continuing to drive. The cold wind of civilization is all around me again.

At the end of the road is a town called Flamingo. It is a beautiful name for a place that was considered, at some point in time, to be the end of the world. When the Post Office set up shop in 1893, the townspeople were asked to choose a name. The Postal Service always needs a name to stamp on the envelopes. The locals first thought of End of the World, but later settled on Flamingo, like the bird that is not seen here anymore. But before arriving at this edge of the world there is a lot of darkness to go through. The road is pitch black;

there are no streetlights, my high beams are two long fingers of light touching the night. I am looking ahead and to the sides at the same time. I see a dark line go back into the grass, a snake. I must be going too fast or too slow. I can't see very well and he's gone before I can realize who he is.

As I drove along, I started to wonder, to worry really, what would happen if a panther came running across the road, leaping to the other side. Would I be able to stop in time? Would I hit him? I was suddenly terrified at the idea of killing what could be the last panther on Earth. What would I say to my kids? My mind was scanning all of the possibilities. I saw myself standing at the edge of the road, looking down at the panther breathing his last breath. Instinctively I slowed down to a crawl. My hands were grasping the wheel and I was peering out into the night. It was as if I was projecting my whole body so far ahead of the car that I was both in and out of the car at the same time. I, should I say we, made it to Flamingo. It was 3 a.m. The marina parking lot was empty. I stopped the car and turned off the lights. I felt relieved to have not been involved in a tragedy. I started to think about the whole adventure, of dearly wanting to come here to see wildlife at night and to suddenly have been afraid to see even the smallest animal appear.

We live in a visual world, where seeing is believing, but how important is the act of seeing? Could happiness be found in knowing that wild animals are here? Could hearing a rustling in the grass be enough? Maybe we don't have to see them to know that they exist. Maybe I am okay with them existing without seeing them. If we walk side-by-side, sometimes unaware of each other's presence, maybe we can rejoice in knowing that our worlds are singular and plural at the same time; parallel and intertwined.

Nike, 1962 : prélude à un futur antérieur
Menace d'une catastrophe nucléaire, 16-28 octobre 1962

J'ai eu douze ans à la mi-septembre. Moins d'un mois plus tard, on parlait dans tous les journaux d'un possible anéantissement nucléaire.

Détails et illustrations.
Détails repris en boucle.
Chacun de nous une cible.

Il semble qu'habiter sur une base militaire du Sud de l'Ontario augmente le risque d'une frappe nucléaire. On nous fait venir au gymnase pour une rencontre d'urgence. Nous faisons la queue pour entrer dans la salle, puis nous nous asseyons pour visionner des films en noir et blanc qui expliquent les procédures à suivre en cas d'attaque nucléaire.

Je ne me souviens pas du célèbre court métrage de propagande *Duck and Cover*, mais je me rappelle les grandes lignes du mieux-vivre de la version canadienne.

On nous enjoint de ne regarder l'explosion sous aucun prétexte et de baisser les stores dans la maison.
On nous dit de nous approvisionner en nourriture et en eau et de les entreposer dans un abri antiatomique.
On nous dit de nous préparer à vivre sous terre jusqu'à ce qu'on entende le signal de fin d'alerte.

Quoi, nous ne pourrons plus jouer dehors ?

Petits soldats devant un missile Nike-Hercules, site de missiles Nike HM-69
Toy soldiers in front of a Nike-Hercules missile, Nike Missile Site HM-69

Que se serait-il passé ?
Treize jours à vaciller au bord du précipice
de l'anéantissement nucléaire.
Menace d'agression de l'Union soviétique et de Cuba !
L'onde de choc arrive comme un ouragan !
Annihilation imminente !
Les journaux montrent l'Amérique du Nord sous des cercles concentriques.
Les villes américaines et canadiennes
sont des cibles
alors que le reste du monde se trouve dans la mire des retombées radioactives.

État de crise !
Les États-Unis sont prêts à riposter.
Trop jeunes, trop innocents
pour comprendre les machinations de la guerre,
nous pouvions tout de même distinguer le bien du mal.

Et si ? question qu'on n'ose pas poser.
Vont-ils vraiment lancer leurs missiles ?
S'entretuer dans une folie partagée,
choisir comme terrain commun
la « Destruction Mutuelle Assurée ».

MAMAN !
Étaient-ils sérieux ?

Nous n'avons jamais douté de l'autorité
de ceux qui étaient en charge,
mais nous avons douté de leur plan pour notre avenir.
Survivre après l'hécatombe ne faisait aucun sens.

Finis les jeux d'enfants,
l'avenir de G.I. Joe,
Barbie.
Que du rien.

On nous dit de nous préparer à vivre dans des abris sous terre jusqu'à ce que le signal de fin d'alerte soit donné. Quoi, jusqu'à ce que l'air redevienne respirable ? Ma mère, qui est enceinte, n'a jamais eu l'intention de m'expliquer quoi que ce soit au sujet de mes menstruations, qui sont sur le point d'apparaître : « Ils t'expliqueront tout ça à l'école, dans un film. » Mon père est parti dans le Grand Nord en exercice d'entraînement avec le Corps des transmissions. Je ne suis pas prête à annoncer à ma mère que nous devons nous préparer à une attaque nucléaire.

Depuis le début de sa grossesse, ma mère a des nausées et elle passe une grande partie de ses journées au lit. Elle m'envoie au dépanneur acheter des biscuits soda et du 7-up. Au retour, j'ouvre la bouteille pour laisser les bulles s'évaporer. Une fois les bulles disparues, elle le boit pour rééquilibrer ses électrolytes.

Nous n'avons pas de sous-sol. Qu'un vide sanitaire et, l'autre jour, un exterminateur envoyé par l'agence du logement est venu empoisonner le rat qui y vivait. Ma mère a grandi à Halifax, près du port, à côté de la voie ferrée, un coin de la ville où la chasse aux rats était pratique courante, et nécessaire. Depuis, ma mère a une phobie des rongeurs et l'extermination récente du rat a ravivé ses plus grandes peurs. Non, ma mère ne doit rien savoir des films qu'on nous montre à l'école. Je réussis à garder les stores baissés sans lui fournir d'explications.

Je ne me souviens pas d'avoir parlé de la crise avec mes camarades de classe ou même avec mes frères et mes sœurs. Nos enseignants non plus ne nous disaient rien ; les films devaient répondre à toutes nos questions. Tout en étant conscients de l'immense danger qui guettait le monde, nous étions incapables d'en parler. Nous étions isolés, muets, comme coincés dans l'engrenage d'un monde en plein paradoxe. Nos mains étaient liées et nos yeux étaient grands ouverts.

Lorsque je repense à ce moment, à ces films qui nous annonçaient le pire, je réalise la gravité de la crise et la profonde inquiétude qui minait le moral des enseignants et des responsables de l'armée et des logements familiaux. Cela montrait aussi qu'à l'époque, ils sous-estimaient les effets d'une catastrophe nucléaire, l'ampleur des retombées radioactives. Sinon – et c'est peut-être ça le plus plausible –, on utilisait ces exercices de préparation pour faire diminuer l'état de panique.

Le 16 juillet 2014, j'ai visité la base de missiles Nike désaffectée, située en plein milieu du parc national des Everglades. J'ai pu y voir le système de missiles sol-air à la fine pointe de la technologie de l'époque, fruit d'une philosophie « œil pour œil, dent pour dent ». Ces missiles étaient le dernier rempart contre l'impensable. Notre guide, né après les événements d'octobre 1962, avait bien fait sa recherche. Il nous a dit qu'avant la crise, avant que le gouvernement les acquiert pour y installer la base, ces champs avaient vu pousser des tomates. Il nous a parlé de la batterie Alpha HM-69, de la rigueur de l'entraînement et des soldats qui étaient prêts jour et nuit à réagir à la lancée des missiles soviétiques. J'ai vu une ogive nucléaire évidée de sa charge destructive, placée tel un bibelot à côté du légendaire bouton rouge.

Tout ce dispositif militaire, destiné à contrer une menace qui ne s'était jamais concrétisée, apparaît aujourd'hui inoffensif. Pourtant, sa présence ravive d'anciens cauchemars.

Une des participantes à la visite guidée était d'origine cubaine. Sa mère avait immigré aux États-Unis alors que cette femme était enfant, un enfant de la crise des missiles de Cuba.

Elle a été élevée en Floride et c'est la première fois qu'elle entendait parler de missiles et de cette base militaire. Elle nous a dit avant de partir qu'elle avait beaucoup de questions à poser à sa mère. Je me demande si elle aussi a grandi dans une maison aux stores baissés.

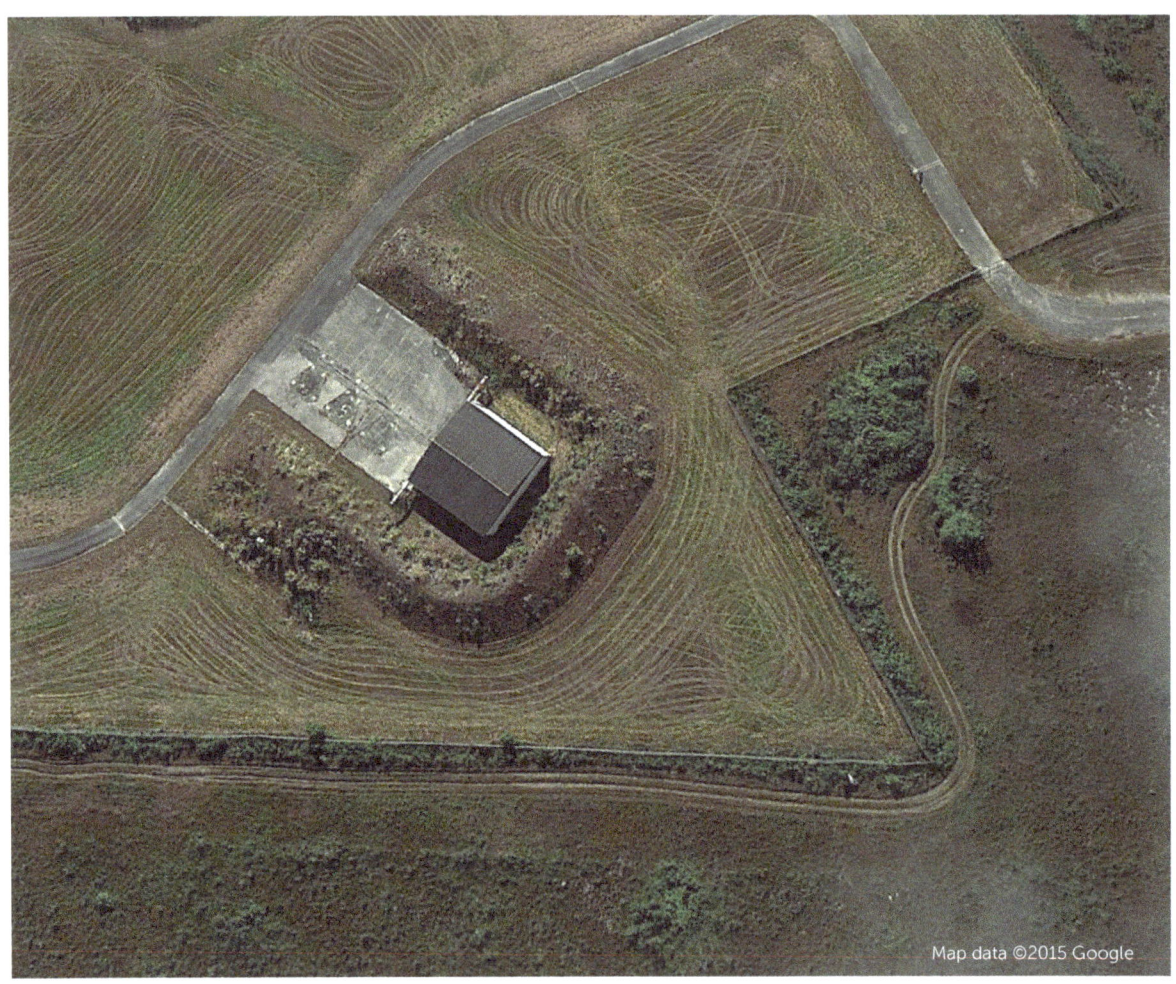

104   Everglades

Coordonnées/Coordinates: 25° 22' 15.06"N 80° 41' 6.24"W

Nike 1962: Prelude to the Future Past
On the Brink of Nuclear Disaster, October 16-28, 1962.

I turned 12 in September. Less than a month later, the newspapers are full of nuclear annihilation speak.

Details and illustrations,
details are rehashed.
Everyone is a target.

It seems that living on an army base in southern Ontario might make us a more desirable direct hit, because we are called to a major assembly in the school gymnasium. We file in and sit to watch black and white films, instructions on how to prepare for a nuclear attack.

I do not remember the famous and often quoted *Duck and Cover* public service announcement; other details stand out for me in the Canadian version of guidelines for better living.

We are told to shield our eyes from the flash by pulling down the blinds in the house. We are told to store food and water in our basement fallout shelters. We are told to prepare for life underground until the "all clear" is sounded.

What, no more playing outside?

What if?
13 days on the razor's edge
of a nuclear catastrophe.
"The Soviet Union and Cuba Threaten Attack!"
"Unexpected Shocker Arrives Like a Hurricane!"
"Imminent Annihilation!"
Laid out in the daily press,
illustrations with concentric circles.
US and Canadian cities,
direct targets,
and the world in the crosshairs of the fallout.

Full-blown crisis!
The US comes back with a plan to retaliate.

For kids too young to hold any power,
these concepts are too grand to absorb,
yet we all know right from wrong.

An answer to the un-ask-able
The *what if* question
Mutually Assured Destruction—MAD.
Mutually agreed annihilation.

MAA-MAA
Were they serious?

We never doubted the word or authority of those in charge,
except we weren't convinced by their proposed future plans.
Survival after the fact was not adding up.

No more child's play
No future for G.I. Joe
No Barbie
No-nothing.

Prepare for life underground until the "all clear" is sounded. All clear? My Mother is pregnant and she won't even come clean about the prospects of my own impending menstruation. "They'll explain that at school in a film." My Father is away in the Grand North on a training exercise with the Signal Corps. I am not ready to tell my Mother that we have to prepare for a nuclear attack.

For months, she has been severely knocked down by morning sickness and passing most of the time in bed. She sends me to the base commissary store for soda crackers and 7-up. I leave the pop open and when all of the bubbles have evaporated, she drinks it to reset her electrolytes.

We don't even have a basement. We have a crawl space and an exterminator from the housing authority recently visited to poison a rat that was living down there. My Mother grew up in Halifax, on the edge of the harbor, next to railway tracks. It was a place where the local citizenry hunted rats in an effort to control their numbers. All rodents strike fear in her heart and that recently exterminated rat had done fresh damage. No, my Mother is to be told NOTHING of those films at school. I manage to keep the blinds lowered without explaining why.

I don't remember talking to any schoolmates, or even my siblings about the crisis. Our teachers were silent, the films were supposed to explain everything. Everyone was holding that terrible knowledge inside. We were all isolated, caught in an era of silent participation and the perspective of receivers. Our hands were tied yet our eyes open.

When I think about it now, I realize that for the school to be showing those films reveals the level of alarm felt at the time by our teachers and those in charge of the army and the married quarters. It also reveals something of their naivety, the lack of understanding of the effects of nuclear bombs and fallout damage. And, it likely stands as a panacea created to neutralize the power of panic.

On July 16, 2014, I toured a decommissioned US Nike Missile base inside the Everglades National Park. I saw the re-constructed *back-up plan*: the site of readiness, and the "eye for an eye" model that represented state of the art technology in 1962. Our guide was born after the crisis, but his facts were well researched. He explained how tomato farms were acquisitioned and put to the task of readiness. He described the training and rigor of the Alpha Battery HM-69 soldiers that stood ready to respond if Cuban / Russian warheads were launched in a northerly direction. I saw the *now-disabled* warhead, a restored souvenir, placed next to its control panel and the *infamous* red button.

In the place where it had waited in vain, where its power was commissioned then decommissioned, this war hardware now seems so innocuous. Except for the fact that these are the relics of those waking nightmares.

A woman on the tour was a Cuban-American. Her Mother had immigrated to the US melting pot when this woman was a child, a child of the Cuban Missile Crisis.

Raised in Florida, she was hearing about the base for the first time. She left saying that she had many questions for her Mother. I wondered if she had grown up in a house with the blinds pulled down.

Site de missiles Nike HM-69
Nike Missile Site HM-69

La sentinelle

La Jeep roule sur la vieille route d'Ingraham et s'arrête devant le bunker numéro trois. Le passager, une sentinelle, en descend. Sans cérémonie, le chauffeur lui souhaite « bonne chance » avant de repartir vers la base. L'homme qui vient de descendre regarde la Jeep s'éloigner, puis s'engouffre dans le bunker, refermant les portes d'acier derrière lui.

L'abri contient le nécessaire à son bon fonctionnement : une table de travail, une radio, des écouteurs, des crayons, un lit, de l'eau et une lampe. Un téléphone est fixé au mur. Le soldat appuie sur un interrupteur et rétablit le courant électrique : un ventilateur se met à tourner. Il s'assied à la table, pousse quelques boutons sur un panneau de contrôle et met son casque d'écoute. Le soldat ferme les yeux. Il travaille, scrutant le ciel avec ses oreilles. Dehors, les criquets et les grenouilles stridulent et coassent, mais il ne les entend pas. Leur rôle est insignifiant dans le jeu du pouvoir. Il est à l'écoute d'autres fréquences, cherche des preuves d'existence. Il tend l'oreille pendant des jours, prenant des notes sur des lancements possibles, sur d'éventuelles attaques. Lorsque le signal faiblit, ou pire, disparaît, la planète retient son souffle.

Après une semaine, le voici moitié soldat, moitié bunker. Il est devenu une impulsion électrique, un courant aérien. Il ouvre la porte, qui est toujours plus lourde à la sortie qu'à l'arrivée. Le soleil brille trop intensément pour ses yeux qui ne sont que deux petites fentes. Il ressent le vent sur son visage, le soleil sur sa peau. Il entend chaque bruit comme si c'était ses premiers sons. Tout lui semble d'une clarté violente. Il regarde la route et voit la Jeep qui se dirige vers le bunker, vers lui.

Il pousse un soupir de soulagement. La fin du monde n'a pas eu lieu pendant son tour de garde.

Vieille route d'Ingraham
Old Ingraham Road

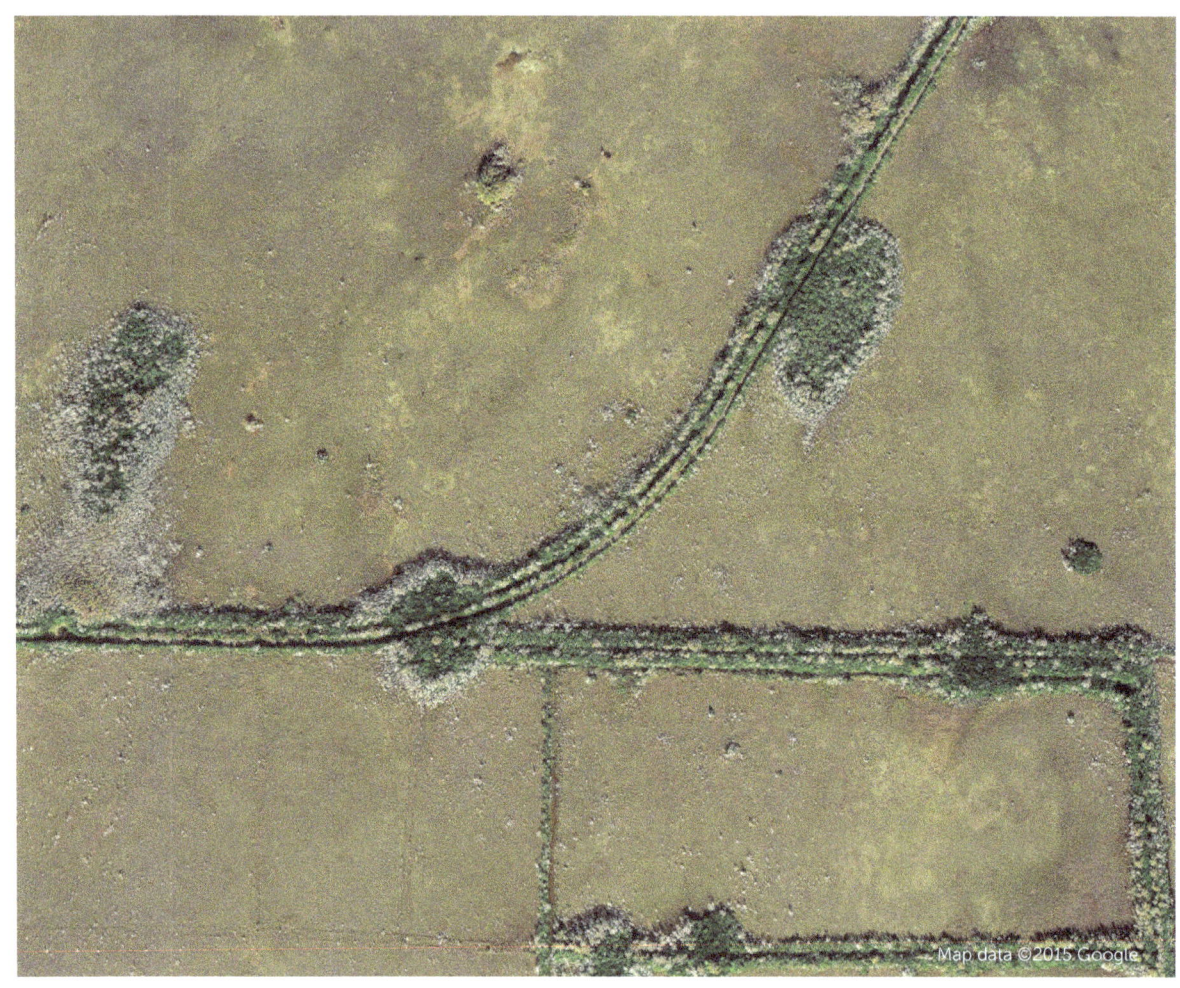

Bunker Boy

The Jeep goes down Ingraham Road. The driver and Bunker Boy stop at bunker number 3. Without ceremony, the driver says, "Good luck," and drives back to the base. Bunker Boy looks at the Jeep for a second, then steps inside the shelter, closing the steel door behind him.

There, he's got a worktable, a radio, a pair of headphones, pencils, paper, a bed, water and a lamp. The phone hangs on the wall. He flips a switch, the power comes on, the fan starts to turn and the air moves. He sits at the table, presses a few buttons on a panel and puts his headphones on. Bunker Boy closes his eyes. He's working, scanning the sky with his ears. Outside the crickets and the frogs chirp and croak, but he can't hear them. They mean nothing to world politics. His ears are open to other frequencies, other evidence of life. He listens for days on end, fills his notepads with possible leads, launches, probable attacks. When the signal fizzles out, the world stops breathing.

After his stint in that place, he has become part soldier, part bunker. He has become the electric pulse that travels in the air. He opens the door, which is always heavier on the way out. The sun is bright and his eyes are slits. He feels the wind on his face, the sun on his skin. Every sound comes to him as a whole being. He hears like he has never heard before. He looks towards the base and sees the Jeep coming for him. He breathes a sigh of relief: the world didn't end on his watch.

Les oiseaux nous ont désertés

Le camp militaire se dressait en plein milieu d'un champ de tomates dans les Everglades. La récolte approchait à grands pas, et nous avions dû détruire les plants pour construire le camp. Nous avons tout écrasé, tout pulvérisé ; la pulpe, les tomates ont été avalées par la terre. Le bruit de notre travail était assourdissant. La fumée noire des moteurs diésel obscurcissait le ciel. À notre arrivée, les aigrettes et les ibis, pris de panique, se sont envolés. Ils sont maintenant de petites taches blanches, tout au loin dans le ciel bleu. Nous faisons partie de la compagnie Alpha et moi, je viens de l'Alabama.

Les missiles sont arrivés sur des camions à plates-formes, chacun d'eux emballé dans une longue cartouche métallique semblable à un cigare. Le terrain est vite devenu très vaseux et les camions s'embourbaient constamment dans les ornières, qui se faisaient toujours plus creuses. Pour dégager les véhicules, il fallait manœuvrer de l'avant vers l'arrière, et glisser des planches sous les pneus. J'ai pensé au fermier qui avait cultivé ce champ et je me suis désolé pour lui devant pareil désastre. Finalement, les camions se sont dégagés un à un de l'emprise de la terre. Nous avons déchargé les missiles sous une grande tente. Bientôt, des techniciens spécialisés viendront les assembler. Une fusée avec un cône noir indique une ogive nucléaire.

Nous savons tous que cette mission est la plus importante de notre vie. On nous avait envoyés à la hâte dans cette expédition. Jamais encore je n'avais vécu autant d'urgence. Mon cœur battait la chamade. Le déploiement s'était effectué à un rythme effréné. J'avais l'impression de courir dans un long corridor, de courir jusqu'à l'épuisement sans jamais connaître le but de la course. Puis, sans crier gare, on avait ouvert toutes grandes les portes au bout du corridor. L'air s'était engouffré et la lumière nous avait éblouis. C'était trop. Et cela nous avait laissés haletants et stupéfaits.

Nous savons tous que cette mission n'est pas un simple exercice, que nous répondons à une crise grave. Et au milieu de tout ce bruit et de la boue, le temps semble s'être arrêté. Nous sommes en état temporaire de mort apparente, immobiles dans un champ des Everglades que les oiseaux ont déserté. Je n'ai pas fait un seul rêve depuis que je suis arrivé. Je doute que mes compagnons en aient fait. Ma ville, mes amis, ma famille me manquent.

Traces d'oiseaux
Bird traces

116   Everglades

Coordonnées/Coordinates: 25° 22' 12.20"N 80° 41' 5.14"W

The Birds Have Flown Away From Us

The camp is set up in a tomato field, in the middle of the Everglades. The bright red fruits were ready to be picked, but we had to flatten down row upon row of vines. The pulp and the juice have disappeared into the dirt. They have returned to the earth. The noise of our work has become deafening. Large puffs of diesel smoke fill the sky. The egrets and the ibis have flown away in panic; white shapes in the blue sky. We are the Alpha Battery and I come from Alabama.

The missiles came on flatbeds. Each of them is housed in a long canister as if they were giant cigars. The trucks are spinning back and forth in the muck. People are yelling, throwing planks under the wheels. The ruts are deep into the ground. I'm sure that the farmer would not like to see what we've done with all that was here. Once past the mud hole, we roll each missile under a tent to be assembled. A black cone at the tip of a rocket indicates a nuclear head.

We know that our mission is the most important one of our lives. We were all sent into this field in a hurry. I had never seen that kind of urgency before. My heart was pounding. I feel that we have been running in a long and narrow hallway for a long time, not really knowing the direction, just running, almost beyond exhaustion. And then, without warning, someone tipped the tunnel on its side and pried the doors wide open, letting in a rush of air and light. Almost too much light and too much air at once; we are all gasping as if we are not ready.

We all know that this is not a drill, that it is the real thing. And in the middle of the muck and the noise, it seems that time has stopped. We are all in suspended animation, motionless in our Everglades field from which the birds have flown away. I don't think any of us has had dreams since our arrival. I miss my hometown, my friends, my family.

L'automobile de Marion

Alors que je venais tout juste de quitter la Tamiami Trail à la sortie de Fortymile Bend pour suivre Loop Road, j'ai ralenti afin de jeter un coup d'œil à la carte routière. Bien que j'aie allumé les feux de détresse, une camionnette blanche s'est pointée derrière moi et le chauffeur m'a klaxonnée furieusement. Je ne comprenais pas la raison de son geste, mais je me suis tout de même tassée sur l'accotement. L'homme dans la camionnette m'a dépassée en continuant d'actionner son avertisseur sonore. Après quelques secondes, j'ai décidé de poursuivre mon chemin; je consulterais la carte un peu plus loin. Je ne saurai jamais ce qui avait rendu ce chauffeur si furieux, mais j'ai été soulagée de le voir bifurquer sur une route secondaire. Cet épisode m'avait laissé une drôle d'impression, mais j'avais confiance que le reste du voyage irait en s'améliorant.

Loop Road traverse le parc Big Cypress, une région faiblement peuplée du sud de la Floride qui offre à ceux qui s'y aventurent la chance de voir une abondance de plantes tropicales et d'animaux sauvages dans leur environnement naturel. Je comptais y faire des enregistrements vidéo et de la photo. Je savais qu'il était impossible de tout voir en un après-midi, mais je capterais au moins une idée de l'ensemble. La camionnette blanche était le seul véhicule que j'avais vu et lorsqu'elle est disparue, j'ai pu me concentrer sur ce qui m'entourait.

J'ai tout de suite remarqué qu'il y avait au moins un alligator sous chaque pont et ponceau. Alors que je commençais à prendre des photos, j'ai été subjuguée par la beauté des marécages et des cyprès. Au milieu de cette nature luxuriante, j'ai cru apercevoir une grosse tête grise avec de grands yeux noirs qui m'épiaient. Comme la lumière scintillait sur la surface de l'eau, j'ai pensé qu'il s'agissait d'une illusion d'optique. Je me suis avancée de quelques pas sur la rive pour observer des aiguilles de mer dans l'eau limpide. En me retournant, j'ai remarqué que la tête grise avait disparu sous l'eau.

Je me suis ensuite aventurée un peu plus loin sur la route, jusqu'à ce que j'aperçoive quelque chose d'encore plus étrange : une automobile totalement calcinée; une femme était assise côté passager. OK, c'était plutôt une voiture couverte de rouille qu'on avait retirée du marécage et la tête de femme était en réalité une tête de mannequin montée sur un squelette de plastique. Cette mise en scène se trouvait juste à côté d'une rangée de boîtes aux lettres. Je me demandais bien sûr qui était le propriétaire de cette installation ; l'assemblage me faisait penser au motel Bates dans le film *Psycho* de Hitchcock. J'avais l'impression qu'il s'agissait d'une épitaphe en l'honneur de Marion Crane et de sa voiture engloutie. Qui aurait intérêt à remorquer la voiture du fond du marécage de Perkins ; de la retirer des sables mouvants du cinéma pour l'installer sur cette route de campagne ? En passant devant, ma première réaction avait été de continuer, de ne pas m'arrêter ; mais la curiosité avait eu raison de moi et je m'étais immobilisée. Je tenais à photographier cette chose étrange pour pouvoir m'en souvenir au cas où je ne reviendrais pas ici. La voiture était garée aux abords d'un grand terrain encombré d'une foule de panneaux : « Défense d'entrer » ; « Défense de s'arrêter ». Il y avait également des panneaux humoristiques : « Interdiction de nourrir les *rednecks* ». La plupart des panneaux étaient bilingues, anglais et espagnol. Malgré le langage cru utilisé et la représentation macabre de la voiture, j'avais l'impression que tout cela avait été installé pour attirer les curieux. L'automobile et le mannequin m'invitaient à un examen plus approfondi.

En sortant de la voiture, ou plutôt en traversant la route, j'ai vu un vieil homme disparaître sur un chemin de traverse. Même si une fourgonnette dernier cri était stationnée sur le côté du chemin, celui-ci n'était visiblement plus utilisé par les voitures depuis longtemps. L'herbe y poussait librement et les branches des arbres s'étendaient au-dessus des ornières creusées par les roues des automobiles. Avant de disparaître, l'homme avait jeté un coup d'œil furtif vers la fourgonnette, comme si sa visite quotidienne à la boîte à lettres était un prétexte pour s'assurer que le véhicule était toujours là et que personne ne l'avait endommagé.

J'ai aussi imaginé que cette marche vers la boîte à lettres lui ouvrait une possibilité de contact avec un autre être humain. Une communication qui pourrait provenir de la lettre elle-même : un message de quelqu'un qui vivait ailleurs dans le monde. J'ai pensé aussi à toutes ces affiches, à ces avertissements qui hurlaient dans le silence comme autant d'appâts.

Ce jour-là, j'ai compris que des résidents du parc de Big Cypress m'attendaient plus loin sur la route. Ils faisaient le guet à chaque pont et communiquaient avec moi par leurs yeux. J'avais presque interpelé cet homme avant qu'il disparaisse dans le bois, mais au dernier moment j'avais décidé de ne rien faire. Dans le dernier virage de la route, il s'était retourné.

Coordonnées/Coordinates: 25° 45' 39.97"N 80° 55' 18.46"W

Marion's Car

As I pulled off the Tamiami Trail and onto Loop Road at Fortymile Bend, I slowed down to glance at the map. Although I put on my flashers, a white pickup truck immediately pulled up behind and the driver began laying on his horn. There was no reason for it, but it definitely read as a warning. I pulled over and made a complete stop, off the pavement. He pulled over behind me and continued to blast loudly. I decided to get back onto the pavement, to keep going, and to check the map further on down the road. It was a weird way to start out but I felt sure that the adventure would improve. I will never know what could have ticked off that driver, but to my great relief, he exited at the next side road.

The Loop Road through the Big Cypress is sparsely populated by humans and well known for providing visible access to many subtropical plants and animals in their natural habitat. I went there to record as many images as I could. An afternoon was not much time but I was thinking of this visit as an introduction to the area. The pickup was the only vehicle that I had met for several miles and when it sped off, I was free to concentrate on my surroundings.

I began to notice that there was at least one alligator at each small bridge and water-flow-through culvert. As I began to photograph, I was struck by the beauty of each scene, framed within the shelter of towering cypress trees. At one point I imagined a big grey head with black eyes looking my way from further back in the pond. The light was reflecting off the water and I thought that my eyes were playing tricks. I walked a few feet away to look at some garfish and when I looked back, the big head was gone. It seemed that the illusion disappeared under the water.

A few miles in, I came upon a more startling sight, a burned-out car with a woman in the passenger seat. No, it was a rusted-out car retrieved from the swamp with a woman's head and skeleton in the passenger seat. It was a rusted-out car by the side of a quiet road and the woman was built from a mannequin's head and a plastic skeleton. The display exists next to a row of mailboxes. The question of who keeps it there came to me as I saw it as an epitaph to Bates Motel in Hitchcock's *Psycho*, an epitaph to Marion Crane and her sunken car. Who would bring it back from Perkin's swamp, pull it out of the quicksand of film history and set it up on this quiet road? At first, shocked by the sight, I drove by quickly. But my curiosity was too strong. I stopped and drove back. I was thinking that I wanted a picture to remember it by, in case I never came back that way again. The whole clearing was plastered with signs: "No Trespassing", "No Stopping", little jokes like "Do Not Feed The Rednecks" and most signs were bilingual, in Spanish and English. In spite of the wording and the gruesome display, it seemed that the whole setup was meant to attract passersby. In the center of it all, the car and the passenger demanded closer viewing.

I stepped out of my car and crossed the road just in time to see the form of an old man disappearing quietly down a side road. In spite of the fact that a late model van was parked on it, this was obviously a road more often walked than driven. High grass grew in the middle and branches reached into the car tracks. He glanced at the van before disappearing, as if the daily walk to the mailbox included checking to see that the van was still there, and that no one had messed with it.

I imagined something else; that a walk to the mailbox comes with the expectation that there is a chance to communicate. It might be a letter, a message from someone in the outside world that waits in the box. And I thought, sometimes it might be the chance that all of those warnings will serve to attract the truly interested. On that day, I knew that other Big Cypress inhabitants were waiting for me further on down the road. They were keeping watch at each bridge and communicating with their eyes. I almost called out to the man before he disappeared but decided against it. At the last bend in the road, he turned to look back.

Le chapeau sur le pont

Je roulais en deçà de la limite de vitesse permise, à la recherche d'un pont que j'avais entrevu plus tôt. L'endroit que je cherchais, je le reconnaîtrai par le jeune alligator tranquillement installé au pied de la structure, se prélassant au soleil de fin d'après-midi, et par la série d'instruments scientifiques suspendue sous le tablier du pont, au-dessus de la rivière.

On dit que le débit de la *rivière d'herbe* est très lent ; on parle d'une centaine de pieds par jour. Mais sous le pont, l'écoulement des eaux paraît beaucoup plus rapide. Les méandres tortueux de la rivière traversent une multitude de bocages de cyprès. L'eau coule aussi, sans qu'on la voie, dans une aquifère souterraine.

C'est une eau douce porteuse de vie. J'étais venue ici pour enregistrer le mouvement et le bruit de la rivière lorsqu'elle passe dans l'étroit canal sous le pont Bailey. Alors que je m'approchais d'un des ponceaux, j'ai aperçu quelque chose d'étrange : un chapeau de paille abandonné sur la chaussée. J'ai ralenti. Au même moment, une énorme camionnette est apparue dans le rétroviseur et m'a dépassée en trombe. Le chauffeur en colère a klaxonné à plusieurs reprises tout en secouant son poing.

Vision surprenante, d'un chapeau sur le pont,
d'un grand chapeau de paille à larges rebords,
très proche de celui que je porte…

Réserve nationale de Big Cypress
Big Cypress National Preserve

Même de loin,
je peux voir que le chapeau fait aussi office de seau.
Des plantes en débordent.
En m'approchant, j'ai constaté qu'il foisonnait de broméliacées en fleurs.

Cette région n'est pas un parc national,
mais une zone protégée
et j'étais certaine qu'il n'était pas permis
d'y récolter des plantes.

En fait, je crois qu'on appelle ça du braconnage.

L'endroit est désert,
sauf pour l'alligator qui flotte dans la rivière.
C'est bien lui que je cherchais,
et il est là,
près du pont,
aux aguets, silencieux.

Le bruit de ma voiture
doit avoir effrayé le propriétaire du chapeau
et il a fiché le camp.

Pas à pas, le mystère s'épaissit et je me dis
qu'une intrigue de film doit bien lier tous ces éléments, en faire une histoire.

Peu importe.
Le chapeau et les plantes,
je choisis de les oublier, de ne même plus y penser.

Alors que je commençais à enregistrer les gargouillements de l'eau,
une décapotable au toit baissé
s'est avancée doucement,
a dépassé ma voiture
pour s'arrêter tout juste de l'autre côté du pont.

Un homme en est descendu.
Il portait une chemise bleue, trempée de sueur.

Il a marché jusqu'au pont et dit :
« Ça doit être ici l'endroit pour la photo. »

Il a lancé cela tout bonnement,
comme si ça se passait de commentaire.
Puis il est retourné à sa voiture
en a ouvert le coffre
tout en dissimulant ses gestes.

Il bougeait lentement,
j'avais l'impression qu'il armait un fusil.
Soudain, il s'est retourné
tenant un appareil-photo 35 mm.

Toujours avec la même lenteur,
il est revenu sur le pont
a plongé son regard dans l'eau de la rivière
et d'une voix tout à fait naturelle
a dit simplement :
« Les couleurs sont vraiment belles. »

Il a pris une photo
est retourné à sa voiture.

Il a remis l'appareil-photo dans le coffre
puis il est parti.
AEW G61 est disparue.
Je suis restée là, avec l'alligator, à contempler les mystères de l'Univers et l'énigme du chapeau de fleurs.

En regardant la rivière et le lent mouvement de l'eau,
je me suis mise à penser à ces couleurs, qui sont effectivement « vraiment belles ».

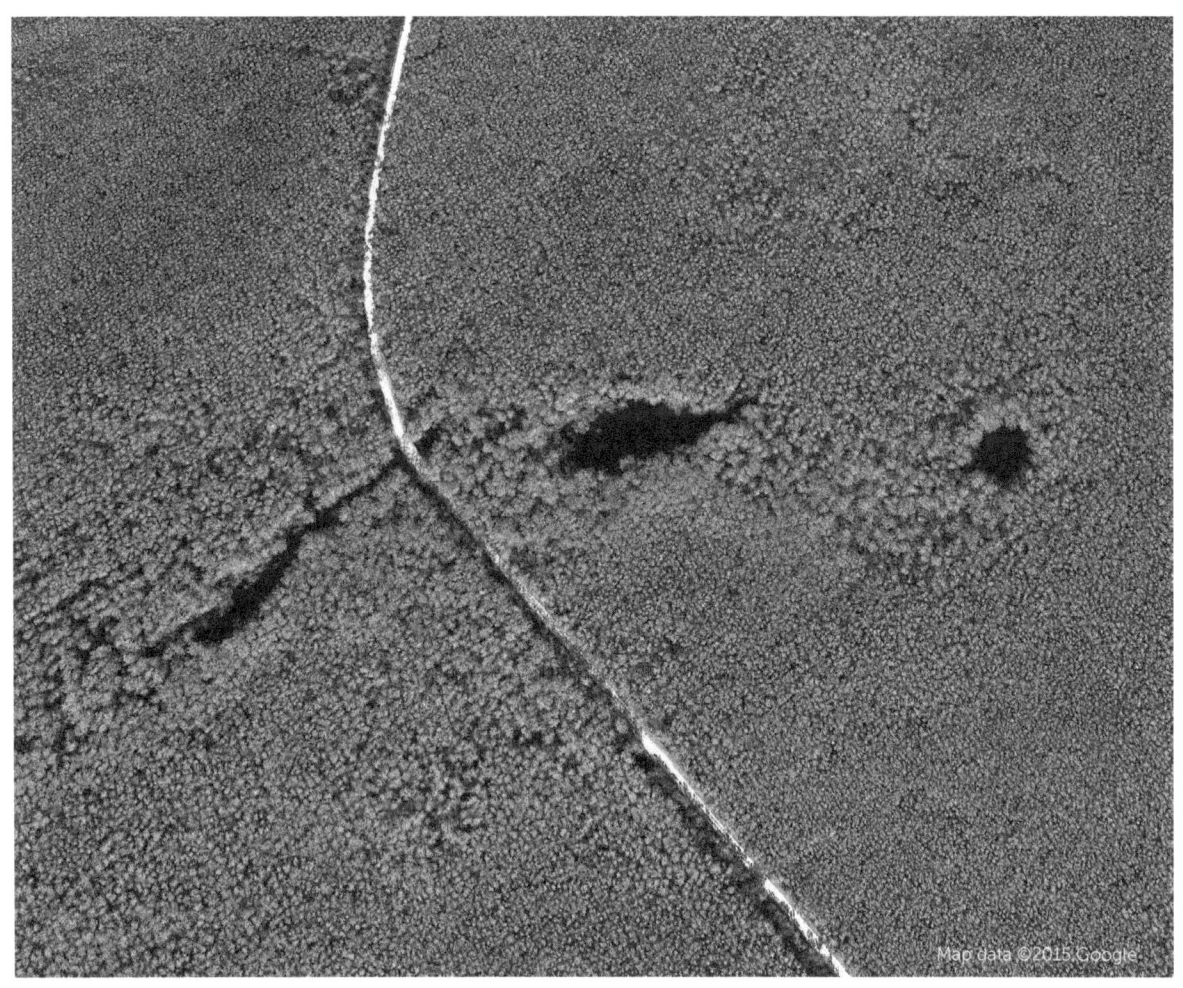

Coordonnées/Coordinates: 25° 47' 18.82"N 81° 5' 59.85"W

The Hat on the Bridge

I am driving under the limit, on the lookout for a particular bridge that I have seen before. If it is the place I am thinking about, there will be a three-year plus size alligator guarding his late afternoon sunspot near the foot of the wooden bridge, and water-testing equipment will hang from its edge.

It is a place where the flow of the water appears to move more quickly than the 100 feet per day that I have heard cited. Snaking through the Cypress trees, this is a place where the water looks like all of its descriptors: a slow-moving river running over and under the rock aquifer, one big mass of fresh, life-supporting liquid—and I want to record it rushing through the culvert under the narrow Bailey bridge.

As I approach what looks like the bridge that I remember, I see something unusual in the path, a straw hat turned upside down. An oversized pickup truck rushes up into the rearview mirror and swoops by. The driver lays on the horn and shakes his fist while whizzing by.

The strange sight of a hat on the bridge, a large brimmed straw hat,
very similar to the one that I am wearing ...

Even from a distance,
I can see that the hat is being used as a pail. Plant sprigs stick out from the brim.
Getting closer, I realize that the hat is full of blooming bromeliads.

This is not a National Park. But it is a Preserve.
And I am reasonably certain that taking plants home is not
one of the permitted activities.

In fact, I believe that they call it poaching.

There is no one else around,
except for the alligator floating in the river.
He is the one I was looking for, and there he lies,
watching the bridge from a few meters away.
Watching, and saying nothing.

It seems that the sound of my approaching car may have scared off the owner of the hat, encouraging the impulse to *get out of dodge*, so to speak.

As the mystery mounts, I begin to think
that there must be a movie plot connected to this story.

In any case, the hat and the plants are there on their own
and I want nothing to do with them.

As I begin to record video of the water that I came to see, a convertible with the top down,
manned only by the driver, slowly climbs onto the bridge, passes my own parked car,
and stops just after clearing the wooden deck.

The driver emerges.
He is wearing a blue shirt, soaked with sweat.

He walks back onto the bridge, throwing a comment,
"This must be the place to take a picture."
He throws it rhetorically, as if he is not expecting an answer.
Then he walks back to the convertible and slowly lifts the lid of the trunk.

He shields his actions from view.
And I worry that he is preparing a gun for firing.
His arms move slowly.
Suddenly he turns, holding a 35mm camera.

Equally as slowly as his camera preparation, he walks back onto the bridge,
looks over, into the water
and in a very matter-of-fact voice, he says, "The colors are really something."

He does the deed, of taking one photograph.
Then he moves off the bridge and back to his car.

He puts the camera back into the trunk, closes the lid and drives off.
AEW G61 leaves me and the alligator to ponder the mysteries of the universe, and a hat full of bromeliads.

I look down at the aquifer and the slow moving water and I think, "The colors are really something."

Réserve nationale de Big Cypress
Big Cypress National Preserve

La caye du Paradis, un parc national à l'envers

L'enclos des chevreuils avait été construit dans la forêt tel un temple voué à la domestication des animaux. Ce sanctuaire situé en milieu sauvage et construit de roches calcaires évoquait en moi le « jardin » d'Éden. Tous les cercles concentriques de la forêt y convergeaient. Les animaux apprivoisés vivaient à l'intérieur du cercle, ainsi protégés des bêtes sauvages qui habitaient les alentours plus hostiles du territoire. L'enclos était un sanctuaire aménagé au milieu de la nature sauvage : symbole de la terre promise.

Le 1er juillet 1934, durant la Dépression, quelqu'un avait pris la photo d'un homme près d'une structure de pierre dans la caye du Paradis. Cette journée avait dû être chaude, car il fait toujours chaud ici et particulièrement en été. L'homme se tient debout près d'une pompe à eau, devant l'enclos, l'air détendu. Dans la poche de sa chemise à manches courtes, on devine un paquet de cigarettes. L'homme ne porte pas de chapeau. Il est calme, même s'il doit y avoir des centaines de moustiques autour de lui. Quatre-vingts ans plus tard, je me tenais au même endroit, presque le même jour du même mois, et les descendants des insectes de 1934 m'assaillaient sans pitié. L'inconnu sur la photographie ne semble pas indisposé par leurs attaques répétées, il regarde tout droit vers la caméra, stoïque. S'agit-il d'un autoportrait ou y avait-il avec lui un ami, un frère ?

L'arbre à la droite de la photo n'existe plus. Un autre, plus gros, pousse derrière l'emplacement de l'arbre originel. La clairière a disparu. Il ne reste que l'enclos, toujours en excellent état, ce qui est surprenant compte tenu de la voracité de la nature ambiante. Sur la photo, on ne voit pas de chevreuil. L'homme venait peut-être tout juste de terminer la construction du sanctuaire, espérant qu'avec le temps les animaux viendraient. Comme on dit : « Construisez-le, et ils viendront ». Et puis voilà que je les vois : les chevreuils sont en sécurité dans l'enclos ; l'homme leur parle et ils lui répondent. Le sanctuaire se transforme en salon où il converse avec ses amis. Puis le jour s'achève et l'homme doit rentrer chez lui. Il s'apprête à fermer la porte du temple et à dire au revoir à ses compagnons. Qu'arrive-t-il après son départ ? Impossible de le savoir. Les animaux sauvages se réveillent sûrement, conscients qu'ils habitent la même nuit que les chevreuils, que cette enclave de civilisation se trouve en plein cœur de leur territoire. Je vois le puma, le hibou, la panthère rôder autour du paradis. L'homme est chez lui avec sa femme et ses enfants, il mange tout en pensant aux chevreuils, et aux fauves qui les menacent. Il se demande s'il a bien fermé la porte de l'enclos.

Enclos des chevreuils, Paradise Key, photographe inconnu, 1934
Deer Pen, Paradise Key, photographer unknown, 1934

136 Everglades

Coordonnées/Coordinates: 25° 22' 47.70"N 80° 36' 39.44"W

Paradise Key, a National Park in Reverse

The deer pen, built with limestone rock, looks like a small shrine to the domestication of animals. A shrine set up in the middle of the wilderness. As I stand in front of the building, I realize that this is the "Garden" in Paradise. It is the center of a concentric circle. Tame animals lived in the core and wild ones in the outer band. The design becomes clear when you look at the etymology of "wilderness": "wild, uninhabited, or uncultivated place," with the Old English "ness" for wild- *dēor* "wild animal, and wild deer" added. The deer pen is an enclosure and the center of the world at the same time, a symbol alluding to the Promised Land.

The photo was taken eighty years ago in Paradise Key. The date is July 1st, 1934, in the middle of the Depression. It was hot, I assume. It is always hot. The man standing by the water pump in front of the pen looks relaxed enough. He's wearing a short-sleeved shirt and no hat, and seems to have a pack of cigarettes in his pocket. There must have been mosquitoes flying around, there are always hordes of them at this time of the year. They are all around me, buzzing relentlessly, but this man doesn't seem to be bothered by them. He looks directly at the camera, stoic. I wonder if it is a self-portrait or if there is someone else with him, another worker, a friend, a brother.

The large tree on the right of the photo does not exist anymore. Another one, larger, grows in behind now. The clearing in the photo is also gone, but the building is still in excellent shape, considering the voracious nature of this nature. There are no deer in the photo; maybe they had just finished building the pen. As they say, "If you build it, they will come." And then I can see them. The ones inside the pen are going to be safe. I can go to them, talk to them and they talk back to me. The pen is really a living room where we go to have a conversation with friends. But the day ends and the man must go home. It is nightfall. He closes the door of the shrine behind him, says goodbye to his friends. And then it's hard to say what happens. The night animals awaken and they know that this shrine of domestication, this enclave of civilization exists within their territory. They must come one by one, the cougar, the owl, the panther to look at the deer, to see what's going on. The man might be having supper now with his wife and kids and maybe he thinks of his deer and the beasts that want them. He tries to remember if he has closed the door as well as he should have.

La fin du monde

Les coups de feu résonnaient au large, du côté de la caye aux Huîtres. J'ai tout de suite aperçu le bateau de Walt Smith, le *Cleveland*. J'ai dit à Fronie que je devais y aller. J'ai sauté dans mon skiff et j'ai ramé vers l'île.

La baie est calme. Je m'éloigne de la berge et du sourire de Fronie, le premier marqueur à disparaître. Ses bras ondulent dans la chaleur : elle me salue, mon petit Morrell tout à côté d'elle. Déjà, je ne vois plus leurs yeux. Puis les deux silhouettes deviennent floues, des ombres transparentes qui se fondent dans la chaleur. Ils ne sont plus que des formes incertaines. Le rivage, comme une ligne délicate, se transforme en mirage et flotte dans l'air. Chaque fois que je pars en mer, je suis surpris de constater à quel point le monde est fragile. Ce village *de fin du monde* est notre bout du monde et voilà que je viens de nouveau d'en franchir les limites. Fronie et Morrell sont rentrés à la maison ; la ligne d'horizon où ils se tenaient a disparu. Je suis trop loin et je le sais. Tout ce que j'entends maintenant, c'est le bruit des rames qui frappent l'eau, y entrent et en ressortent. Le son prend toute la place. Puis, un autre coup de feu retentit, plus près. Le bruit s'élance au-dessus de l'eau comme un poisson volant. Je suis de plus en plus près de l'île. Le sel de mer me brûle les yeux, embrouille ma vue. Le ciel et la mer se fondent l'un dans l'autre. Je circule dans l'entre-deux. Je suis à la fois là et pas là.

J'arrive à l'île. Je hale mon skiff sur le rivage. Je scrute les alentours. Je sais pourquoi je suis ici. Le *Cleveland* est ancré, mais il n'y a personne à bord. Le soleil tape. Une aigrette passe au-dessus de moi. J'ai ma carabine en bandoulière. Elle est chargée. Tandis que je marche sur la côte, j'aperçois Walt et son fils Tom qui viennent vers moi. Leurs fusils sont pointés dans ma direction. Ils m'attendaient, je le vois dans leurs yeux. Je leur crie que la chasse aux plumes est illégale. Que je suis venu les arrêter. Debout, les pieds solidement ancrés au sol, je pointe ma carabine vers Walt. Mon cœur bat la chamade. Walt dit : « Personne ne va nulle part ». J'entends un déclic. Puis plus rien. Je ressens une douleur intense au cou. Le ciel s'élargit, s'ouvre. La clarté du soleil me brûle. Je tombe à genoux. Je reste là un moment, comme figé. Le temps s'étire. Walt et Tom surgissent tout à côté de moi. Ils m'entourent comme de grandes silhouettes évanescentes. Je vacille, puis je m'effondre. Des oiseaux blancs volent au-dessus. Je regarde mon sang s'accumuler autour de ma tête. Tout est rouge.

Rivage de la baie de Floride

Shore of Florida Bay

Quand je reprends conscience, je flotte sur le dos. Le soleil est immense. Le ciel a perdu son éclat. Ne reste que ce bleu si pâle. Et du blanc. Tout est silence. Je vois mon père et mon frère Louis marcher le long de la plage. Ils distribuent le courrier. Je vois chacun de leurs pas dans le sable, chaque empreinte en détail. Je vois Flamingo, mon village du bout du monde. Fronie est là, elle me salue, elle m'attend. Je suis dans mon skiff. Le vent me pousse vers le mirage dans lequel je vis.

Coordonnées/Coordinates: 25° 6' 13.21"N 80° 57' 10.0"W

The End of the World

The gunshots came from Oyster Key. As I looked in the direction of the blast, I saw Walt Smith's boat, the *Cleveland*. I told Fronie that I had to go and suddenly I was on the water rowing toward the Key.

The bay is calm. I am going out. Fronie's smile is the first marker to disappear. She waves to me for as long as she can. My little Morrell is there too, standing by Fronie's side. They are both blurry silhouettes now, shadows on the beach fusing in the heat. I can't see their eyes anymore, just shapes. The shore is a thin line of land, almost a mirage hovering in mid-air. I am always amazed when I'm out here to see how fragile is our place in the world. It is *The End of the World*, our end of the world and I am beyond its limit. Fronie has gone back inside with Morrell. The line where they stood is gone. I am already too far, I know it. The sound of the paddles hitting the water takes all of the space. It is all that is needed right now; in the water, out and in again. Then there's another gunshot. The sound glides on the still waters like a flying fish in the air, it's louder. I am closer. The salt in my eyes blurs my vision. It's a mile and half to reach the Key, but it already feels longer. I should be there by now. There is no difference between the sea and the sky. I am travelling in between; I am there and not there.

The skiff hits shore. I jump out and pull it onto the beach. I look around. I know why I'm here. The *Cleveland* is anchored, but nobody is on it. The sun is beating hard. An egret flies over. I've got my rifle hanging around my neck. It's loaded. As I walk along the shore, I see Walt and his son Tom coming toward me, pointing their rifles in my direction. They were waiting for me. I can see it in their eyes. I tell them that I have to arrest both of them, that feather hunting is illegal. My feet are anchored in the ground. I aim my rifle at Walt's chest. My heart is pounding. Walt says, "Nobody's going", and then he pulls the trigger. All sounds disappear. I feel a pain in my neck. The sky seems to get wider, the sun brighter. I fall to the ground, on my knees. I stay there a moment. It feels like forever. Walt and Tom are standing beside me. They are only tall images moving slowly over me as I fall onto my side. There are birds flying above me, white birds. I see my blood pooling around my head. It's so red.

When I regain consciousness, I am in the water, floating on my back. I have never seen the sun so big. There are only pale colors in the sky. Faint blue, white. It is so quiet. I see my father and my brother Louis walking on the beach, delivering the mail. I see their steps on the sand. I see Flamingo, my town at the end of the road. Fronie is there, waving to me as I approach. I see her eyes, her smile. I am on my skiff riding the wind, right into the mirage where I live.

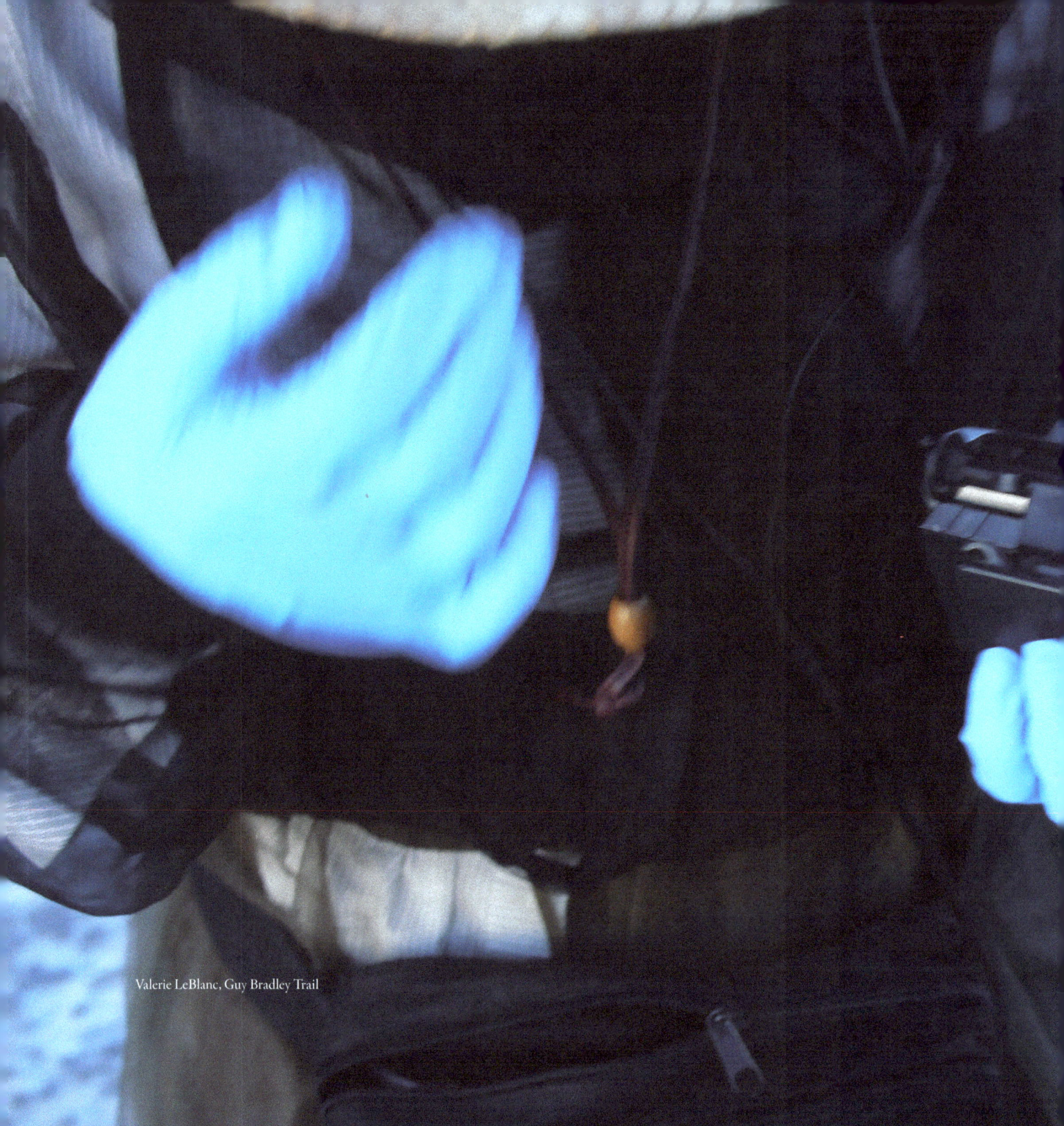
Valerie LeBlanc, Guy Bradley Trail

Jusqu'où est-il possible de voir ?

Jusqu'où est-il possible de voir ? Cette question, de rhétorique classique, invite à la discussion et suscite de multiples points de vue. Si nous la prenons au sens littéral, nous nous apercevons que les contraintes par lesquelles nous voyons, et par extension, croyons, ne sont pas fixes mais évoluent à un rythme accéléré. Le besoin de voir, de comprendre, de « partager » est un désir collectif qui correspond à l'apparente complexité du monde. Ce que renvoie la surface réfléchissante, ce sont des possibilités de voir plus loin encore que dans le passé. C'est en quelque sorte l'évolution du miroir lacanien. Si les êtres humains ont déjà fait l'expérience de l'aliénation et de l'internalisation de l'égo qui en résulte, nous vivons actuellement sur une planète que nous avons altérée de façon permanente. Comment pouvons-nous alors orienter la surface du miroir de manière éclairée ? Au-delà du miroir de l'*Orphée* de Cocteau (1950) et de *La matrice*, écrit et réalisé par les Wachowski (1999), se trouvent des profondeurs à explorer. Pour se rendre sous la surface, il faut être à la fois stratégique et tactique. Il est impossible de rester fixe : il faut calibrer, et ensuite naviguer.

Comme Reza Negarestani le souligne dans son essai « Where is the Concept? » (Où est le concept ?) : « Pour naviguer dans le désert, il nous faut d'abord y introduire une certaine instabilité afin de perturber ou encore de stimuler qualitativement l'homogénéité épistémologique opaque de cet espace[1]. » Puisque le monde subit des pressions matérielles de différents secteurs, que ceux-ci empiètent les uns sur les autres, la navigation des instances locales nous permet de lier chaque transformation au tissu planétaire. Les secteurs se contaminent les uns les autres. Afin de cartographier ces parcours, il faut mettre en œuvre des modalités créatives, qui permettront de développer de nouvelles formes de connaissance. Le simple fait de se « perdre en forêt » n'éclaire pour ainsi dire rien et ne permet pas de mieux voir. Nous devons établir un « déploiement des règles graduel en réponse[2] » au paysage. Nous ne trouverons rien à nous déplacer en ligne droite. Commençons par observer l'amas de racines qui mène à un arbre, puis agrandissons le rayon pour englober un groupe d'arbres, et agrandissons encore pour embrasser du regard des arbres sur une pente oblique s'étendant sur des kilomètres : nous verrons alors des particularités et des échelles différentes. En augmentant puis en réduisant l'échelle dans une perspective transversale, nous découvrirons une multiplicité de réseaux greffés les uns aux autres. La forêt (ou le champ) devient alors une métaphore qui offre de nombreuses possibilités.

Le « champ » n'est pas uniquement une surface, il est multidimensionnel : hauteur, largeur et profondeur. Il a également la capacité d'absorber les changements, les transformations matérielles : par exemple, l'eau qui se transforme en air, la lave qui, en refroidissant, devient roche, ou les émissions de combustibles fossiles qui se transforment en carbone dans l'atmosphère. Pour mieux saisir cette complexité, il est utile de se référer aux trois groupes de strates définis par Deleuze et Guattari dans *Mille plateaux* : l'inorganique (géologie), l'organique (biologie) et l'alloplastique (social)[3]. Pour appréhender toutes les complexités d'un champ spécifique, il faut le documenter puis le cartographier en de multiples dimensions. Ce changement dans la perception et la création trouve son origine dans la reconnaissance de l'existence du « champ » lui-même. Dans son essai « Field Conditions » (Conditions de champ), Stan Allen éclaire ce qui était auparavant invisible dans le discours en arts et en design. Plutôt que des modèles et des formations statiques, « [...] la technologie et la culture d'aujourd'hui permettent de cerner la complexité de systèmes spatiaux fluides, erratiques et auto-organisationnels tels qu'ils existent dans la nature (troupeaux, essaims, volées) ou tels qu'ils sont définis par les sciences sociales (foule ou bande d'émeutiers)[4] ». Allen a nommé ces systèmes « conditions de champ » et démontré qu'elles pouvaient être visualisées. Stries, mosaïques, agglomérations, vecteurs, assemblages, collisions et patchworks constituent des architectures qui peuvent se trouver et même être manipulées en dehors du cadre blanc de la galerie ou du musée. Selon Allen, les conditions du champ ne sont pas une nouveauté ; plutôt, elles permettent, grâce à la visualisation, une représentation du monde en tant que médium[5].

Cette perspective n'est pas nécessairement rassurante. Si nous allons vraiment en profondeur, la documentation des conditions de champ rend visibles les tensions et les compressions dues à l'offre et à la demande capitaliste. L'exposition de ces tensions peut poser « des menaces qui devront être écartées, de peur qu'elles ne viennent perturber l'ordre symbolique – des traces tellement gênantes, qui nous accusent tout en nous faisant honte, et qui exigeraient de nous un changement trop important dans notre mode de vie pour inciter à autre chose qu'au déplacement ou à la dissimulation[6] ». Cela pourrait entraîner une « incapacité à voir ». Une autre façon de comprendre cette tendance est d'envisager la version alternative et statique du champ : une réalité mise de l'avant par le capitalisme et qui tend à réifier et à aplatir le monde. Dans « Welcome to the Future Nauseous » (Bienvenue dans le futur nauséabond), l'auteur avance qu'il n'y a pas d'accélération perçue, mais plutôt un étirement universel d'un « champ de normalité fabriqué[7] ». On pourrait soutenir que cette notion s'applique également au champ de l'art contemporain. Comme pour la plupart des champs, tout changement véritable doit s'opérer au niveau systémique et infrastructurel plutôt qu'à l'intérieur des forces du marché. Comment, alors, peut-on voir une perforation ?

...

Au sud des États-Unis, se trouvent un groupe d'œuvres des artistes Valerie LeBlanc et Daniel H. Dugas. Ils ont séjourné dans les Everglades en juillet 2014, y occupant une terre traversée par des courants naturels et artificiels. Le site choisi représente un vortex de strates tentaculaires qui, comme le protagoniste de l'œuvre sonore « La fin du monde » ne le sait que trop bien, se situe « au-delà des limites[8] ». Après tout, les Everglades sont un amalgame d'eau, de minéraux, d'organismes biologiques et de traces d'intervention humaine. C'est dans cette condition de champ que LeBlanc et Dugas ont orchestré différentes trajectoires. Par le son, la vidéo et le texte, ils ont lu et documenté de façon intensive leur environnement et, ensuite, ils l'ont cartographié de nouveau. Ils ont fait cela tout en étant conscients que l'Anthropocène jette une ombre funeste sur toute production artistique. Après tout, la plupart des matières ont été « transportées autour du monde, qu'il s'agisse de récoltes, d'animaux domestiques et de pathogènes issus de la terre[9] ». Dans les Everglades, c'est du passage de l'être humain dans la biosphère que LeBlanc et Dugas nous font prendre conscience. Nous sommes une espèce envahissante.

Dans l'œuvre sonore « Les oiseaux nous ont désertés[10] », des ogives nucléaires identifiées par « un cône noir au bout de la fusée » ont été transportées dans un champ de tomates. Champ après champ, dans un moirage de tomates écrasées, de « cigares géants » et de volées d'oiseaux qui fuient se trouve un soldat qui rêve de rentrer à la maison. Le soldat sait que « ce n'est pas un exercice d'entraînement ». L'œuvre crée une vision de notre temps – une vision qui arrête le temps au nom de la géopolitique. La pièce fait référence à la base de missiles Nike, installée stratégiquement près de Cuba au plus fort de la guerre froide. Normalement, les courants des Everglades effacent graduellement et finissent par éradiquer de tels sites[11]. LeBlanc et Dugas capturent de manière affective l'abandon de nos emplacements fixes et la disparition progressive, la décomposition de leurs traces. Ici, les sites sont graduellement envahis par les forces du marécage, telle une version au ralenti d'un film d'horreur montrant des corps disparaissant dans une masse informe.

Cette masse glauque est évidente dans deux vidéopoèmes, « Pèlerinage » et « La mort le matin (eau) ». Dans chacun d'eux, les figures humaines sont métabolisées dans un paysage phosphorescent jaune vert. Le personnage de « Pèlerinage » surgit de ce champ lumineux. Les conditions du champ sont doubles : l'une symbolise le marécage et l'autre suggère la radioactivité. Une silhouette agite quelque chose tout en marchant le long d'un sentier. L'image n'est pas sans rappeler celle dans laquelle LeBlanc et Dugas, pour se protéger des moustiques et pour les éloigner, revêtent des gants de caoutchouc et font des mouvements semblables à ceux du Tai-Chi[12]. La silhouette sur la vidéo est-elle en train de prendre des mesures avec une sorte de compteur Geiger ? Ou bien l'appareil lui sert-il à trouver son chemin sur cet étrange terrain ? L'apparence de décomposition invoquée dans « La mort le matin (eau) » est obtenue en utilisant une palette de couleur similaire autant pour les formes humaines que pour la substance semblable à de la pluie acide sur laquelle elles sont superposées. Tandis que le texte « La voile de mon bateau à la dérive pend lourdement[13] » s'affiche, la caméra plonge, brouillant la ligne apparente entre le dessus et le dessous. Le vidéopoème, un hommage au premier garde chasse du comté, tué par balle alors qu'il était en service, rappelle la dialectique humaine entre ceux qui font valoir leurs droits sur le territoire et ceux qui sont prêts à tout pour le protéger.

L'effet miroir probablement le plus intense que nous tendent LeBlanc et Dugas se trouve dans le vidéopoème « Exotique contre exotique ». La caméra filme comme si elle était sur un hydroglisseur effleurant rapidement la surface de l'horizon. L'eau, les arbres et le son des moustiques sont captés dans la partie inférieure de l'écran. L'hémisphère Nord présente les images[14] de deux personnes qui se battent dans l'eau avec un python. Les corps s'inclinent et s'agitent, se contorsionnent avec le gros serpent, comme le font les Everglades dans la section en dessous. Ici, pas question d'équilibre délicat, mais de quelque chose de bien plus déroutant. Qu'est-ce qui est le plus envahissant ? Le python, ou nous qui l'avons amené ici ? La pièce se termine sur une image de l'horizon à perte de vue...

FELICE GRODIN

Notes

1. Reza Negarestani, « Where is the Concept ? (Localization, Ramification, Navigation) », dans *When Site Lost the Plot*, London, Urbanomic, 2015, p. 225-251.

2. *Ibid.*, p. 232.

3. Gilles Deleuze et Felix Guattari, *A Thousand Plateaus*, Minneapolis, University of Minnesota Press, 1993.

4. Mario Carpo, éditeur sur Stan Allen's « Field Conditions », dans *The Digital Turn in Architecture 1992-2012*, West Sussex, John Wiley & Son's Ltd., 2012, p. 62.

5. Stan Allen, « Field Conditions », dans *Points + Lines : Diagrams and Projects for the City*, New York, Princeton Architectural Press, 1999.

6. Gean Moreno, « Notes on the Inorganic, Part I : Accelerations », *e-flux journal* #31 (01/2012), www.e-flux.com/journal/notes-on-the-inorganic-part-i-accelerations/.

7. Venkatesh Rao, « Welcome to the Future Nauseous », ribbenfarm, experiments in refactored perception (9 mai 2012), www.ribbonfarm.com/2012/05/09/welcome-to-the-future-nauseous/.

8. Valerie LeBlanc et Daniel H. Dugas, « The End of the World » (2016), œuvre sonore, « FLOW : Big Waters » (2016), http://flow.basicbruegel.com/audio/.

9. Simon L. Lewis et Mark A. Maslin, « Defining the Anthropocene », *Perspectives / Nature: International weekly journal of science*, vol. 519, n° 7542 (15 mars 2015), www.nature.com/nature/journal/v519/n7542/full/nature14258.html.

10. Valerie LeBlanc et Daniel H. Dugas, « The Birds Have Flown Away From Us » (2016), œuvre sonore, FLOW : Big Waters (2016), http://flow.basicbruegel.com/audio/.

11. En raison de son importance historique, la base de missiles Nike échappe à cette règle ; des mesures sont mises en place pour la sauvegarder.

12. Valerie LeBlanc et Daniel Dugas, « FLOW : Big Waters », *Billie, Undercurrents in Canadian Visual Culture*, Fredericton, NB, vol. 1, n° 2, printemps 2016.

13. Valerie LeBlanc and Daniel H. Dugas, « Death in the Morning (water) », (2014) vidéopoème, FLOW : Big Waters (2016), http://flow.basicbruegel.com/videos/.

14. Images tirées de « Ross Allen Reptile Institute », *Florida Memory website* : www.floridamemory.com/items/show/232386.

How Far Can We See?

How far can we see? This is a classically rhetorical question. It invites discourse and multiple points of view. If we take this question literally, the constraints by which we see, and by extension believe, are no longer fixed but are evolving at an accelerated rate. The need to see, to behold, to comprehend, to "share", is a collective desire that mirrors the perceived complexity of our world. What lies on the surface of the mirror are possibilities to see further than we have in the past. It is an evolution of the classic Lacanian mirror. If humans previously experienced alienation and a resulting internalized ego, we presently exist on a planet that we ourselves have permanently altered. Thus how can we orient the surface of this mirror in an informed way? Somewhere beyond the mirror of Cocteau's *Orpheus* (1950) and the Wachowskis' *The Matrix* (1999), there are depths that we may traverse. Scratching along this surface means that one must be both strategic and tactical. One cannot remain fixed but must calibrate and in turn, navigate.

As Reza Negarestani points out in his essay "Where is the Concept?", "[i]n order to navigate this desert, first we have to inject a designated instability into it so as to disturb or qualitatively excite the epistemologically opaque homogeneity of this space."[1] Because the world is materially pressured from different sectors, one bleeding into the other, navigating local instances will allow us to stitch any transformation into the fabric of the global. One will thus infect the other. Mapping such paths requires not only creative modalities but ones that have the potential for new forms of knowledge. Merely getting "lost in the forest" does not shed light, so to speak, or allow us to see. One must establish a "step by step deployment of rules in response"[2] to the landscape. This is not possible by following a simple straight line. When we observe a cluster of roots leading to a single tree, then zoom out to a group of trees, and zoom out again to a group of trees spanning for miles on an oblique incline, we can appreciate that the properties are varied and at different scales.

By transversally scaling up and down, we thus encounter a multiplicity of grafted networks. The forest or field thus becomes a metaphor offering numerous potentials and possibilities.

This "field" is not just a surface condition but has dimension—height, width, and depth. It also has the capacity to absorb phase changes, or in other words material transformations. Water transforming to air, lava cooling to rock, or fossil fuels becoming carbon emissions in the atmosphere are some examples. In order to make sense of this complexity, it is helpful to consider the three groups of strata as defined by Deleuze and Guattari in *A Thousand Plateaus*: the inorganic (geology), the organic (biological), and the alloplastic (social).[3] To effectively slice through a field, one must record, and in turn map in multiple dimensions. This shift in both perception and creation has its origins in the recognition of the "field" itself. In Stan Allen's essay *Field Conditions*, he makes visible what had previously been invisible within the realm of art and design discourse. Rather than static patterns and formations, "[...] today's technology and culture can better grasp the complexity of fluid, drifting and self-organizing spatial systems, as they exist in nature, such as flocks, swarms or herds; or as defined by social sciences, such as crowds or mobs."[4] He called these systems "field conditions" and demonstrated that they could be visualized. Striations, mosaics, clusters, vectors, assemblages, collisions, and patchworks are architectures that can be found and even manipulated outside the white box of a gallery or museum. As Allen argues, field conditions are not a new discovery but rather through visualization, an acknowledgment of the world as medium.[5]

These views are not necessarily comforting. If we truly go deep, the registration of field conditions reveals tensions and compressions within capitalism's supply and demand model. The exposure of such might pose "[...] threats that need to be displaced in order to keep them from cutting a gash in our symbolic order—threats that are too uncomfortable, that indict us too shamefully, that demand too much of us in terms of altering our way of life to encourage anything but displacement or concealment."[6] This may cause "non-seeing." Another way to view this tendency is to consider an alternative and static version of the field—as something that capitalism tends to reify and flatten in the world. In the essay "Welcome to the Future Nauseous," the claim is made that rather than a perceived acceleration, there is a universal stretching of a "manufactured normalcy field."[7] One could argue that this includes the field of contemporary art. As in most fields, rather than manipulating from within market forces, a true shift must be navigated at the systemic and infrastructural levels. How then for example may a puncture be seen?

...

In South Florida, there is a locus of work by the artists Valerie LeBlanc and Daniel H. Dugas. Drifting to the Everglades in July 2014, they occupied a land amidst both natural and man-made flows. This choice of site is a vortex of a tentacle-laden strata, one that, as the protagonist in the soundwork "The End of the World" knows all too well, is "beyond its limits."[8] The Everglades after all is an amalgamation of water, mineral, biological organisms, and traces of human intervention. It is in this field condition that LeBlanc and Dugas lay out several trajectories. Through sound, video and textual cartography, they intensely read and record their surrounds, and more importantly remap them. They do this while being aware that the Anthropocene casts a deep shadow on all artistic production: after all, most matter has "[...] been transported around the world, including crops, domestic animals and pathogens on land."[9] Yet, in the Everglades, LeBlanc and Dugas focus their attention on the transport of the human into the biosphere. We are an invasive species.

In the soundwork "The Birds Have Flown Away From Us,"[10] nuclear missiles indicated by "a black cone on the tip of the rocket," have been transported onto an existing tomato field. Amid field upon field in a moiré of crushed tomatoes, "gigantic cigars," and flocks of disappearing birds, is a soldier who longs for home. The soldier knows that "this is not a drill." The work creates a vision of our time—one that stops time in the name of geopolitics. Specifically, the piece refers to the Nike Missile Base which was strategically located near Cuba at the height of the Cold War. In most cases, the flows of the Everglades erase and eventually eradicate such implantations.[11] What LeBlanc and Dugas affectively trap is the abandonment of our fixed locations and their decaying traces. Here, sites are gradually overtaken by the swamp's forces like a slowed version of a horror film depicting discrete bodies engulfed into an ill-defined mass.

This murky mass is evident in the two videopoems "Pilgrimage" and "Death in the Morning (water)." In both, human figures are metabolized within the yellow green phosphorescent landscape. The figure in "Pilgrimage" bubbles up against its glowing field. The field condition is two-fold, one of the swamp, the other suggested radioactivity. The figure is waving something as it marches along a track. It brings to mind LeBlanc and Dugas' own invention in evading mosquitoes by donning rubber gloves and gesturing with "Tai Chi-like movements"[12] to ward them off. Is the figure in the video surveying with some version of a Geiger counter, or rather is the device an assist for charting through this strange terrain? In "Death in the Morning (water)", the appearance of decomposition in an acid-rain-like substance is achieved in a collage using similar color treatments for the bodies and the water. As the superimposed text states: "The sail of my drifting boat hangs heavy,"[13] the camera submerges dissolving the perceived line between above and below. A tribute to the county's first game warden, who was shot and killed while on duty, the videopoem is a reminder of the human dialectic between those who stake their claims on territory, and those willing to protect them at all costs.

Perhaps the mirror that LeBlanc and Dugas etch the deepest is the videopoem "Exotic vs. Exotic." The camera records as if aboard an airboat quickly skimming on the surface of the horizon. The water, trees and sounds of passing mosquitoes register in the Southern Hemisphere of the frame. The Northern Hemisphere contains footage[14] of two figures wrestling a python in water. As the bodies tilt and bob, writhing with the large snake, so do the Everglades below. This does not present a delicate balance but something more disorienting. Who is more invasive—the python, or we who in turn made it so? The piece concludes with a view as far as the eye can see...

FELICE GRODIN

Notes

1. Reza Negarestani, "Where is the Concept? (Localization, Ramification, Navigation)," in *When Site Lost the Plot*, London, Urbanomic, 2015, p. 225-251.

2. *Ibid.*, p. 232.

3. Gilles Deleuze and Felix Guattari, *A Thousand Plateaus*, Minneapolis, University of Minnesota Press, 1993.

4. Mario Carpo, editor on Stan Allen's "Field Conditions," in *The Digital Turn in Architecture 1992-2012*, West Sussex, John Wiley & Son's Ltd., 2012, p. 62.

5. Stan Allen, "Field Conditions," in *Points + Lines: Diagrams and Projects for the City*, New York, Princeton Architectural Press, 1999.

6. Gean Moreno, "Notes on the Inorganic, Part I: Accelerations", *e-flux journal* #31 (01/2012), www.e-flux.com/journal/notes-on-the-inorganic-part-i-accelerations/.

7. Venkatesh Rao, "Welcome to the Future Nauseous," ribbenfarm, experiments in refactored perception (May 9, 2012), www.ribbonfarm.com/2012/05/09/welcome-to-the-future-nauseous/.

8. Valerie LeBlanc and Daniel H. Dugas, "The End of the World," soundwork, FLOW: Big Waters (2016), http://flow.basicbruegel.com/audio/.

9. Simon L. Lewis and Mark A. Maslin, "Defining the Anthropocene," *Perspectives / Nature: International weekly journal of science*, vol. 519, Issue 7542 (March 15, 2015), www.nature.com/nature/journal/v519/n7542/full/nature14258.html.

10. Valerie LeBlanc and Daniel H. Dugas, "The Birds Have Flown Away From Us," soundwork in FLOW: Big Waters (2016), http://flow.basicbruegel.com/audio/.

11. Due to its historical significance, the Nike Missile base is one of the few sites that is being preserved.

12. Valerie LeBlanc and Daniel H. Dugas, FLOW: Big Waters *Billie, Undercurrents in Canadian Visual Culture*, Fredericton, NB, vol. 1, Issue 2, Spring 2016, p. 15.

13. Valerie LeBlanc and Daniel H. Dugas, "Death in the Morning (water)," videopoem, FLOW: Big Waters (2014), http://flow.basicbruegel.com/videos/.

14. Source of footage: *Ross Allen Reptile Institute*, Florida Memory website: www.floridamemory.com/items/show/232386.

FLOW : Big Waters[1]

Il existe de nombreuses façons de dresser la carte du monde. Essentiellement, une carte présente un assemblage de coordonnées géographiques qui permettent à la personne qui l'interroge de saisir l'organisation d'un lieu. Dans une perspective plus large, une carte peut réunir des notations musicales ou des notes mentales destinées à recréer l'ambiance d'un événement. Pour cartographier ou décrire l'identité d'un individu, on a recours à un ensemble de coordonnées personnelles constitué de dates et de mots de passe. Alors que tous les aspects du monde matériel font de plus en plus l'objet de cartographie et d'étiquetage, il devient d'autant plus important de créer et de maintenir un ensemble de points d'ancrage intérieurs.

Les systèmes d'information maintenant accessibles à partir d'Internet continuent de modifier notre vision du monde. Pour les artistes, cela signifie que leurs œuvres sont accessibles dans des lieux autres que leur environnement immédiat. Grâce à la technologie, notre conception de la réalité s'élargit à mesure que nous appréhendons un territoire plus étendu. Ainsi, à mesure que le nombre d'abonnés Internet augmente, de nouvelles visions du monde émergent, toujours plus vastes. Cette participation accrue entraîne l'obligation de prendre en compte l'opinion de tous. Ironiquement, alors que s'élargit notre perception de la réalité, l'univers rétrécit. À mesure que des événements, aussi lointains soient-ils, pénètrent dans nos salons et nos consciences, ce qui se passe « là-bas » se déplace, se rapproche.

Le projet *FLOW: Big Waters* se classe dans la catégorie de ce que Kenneth White a baptisé de « géopoétique[2] ». Chaque élément du projet a ses propres paramètres de fonctionnement, fondés sur la poésie vidéo, la photographie ou la cartographie sonore ; en d'autres termes, chaque aspect du projet constitue un projet en lui-même. Les différentes parties ont été construites de la distillation de notre présence sur le terrain, et de données recueillies dans Internet ou imprimées. Nous avons tenté d'établir un fil conducteur entre nos perceptions personnelles et une vision élargie du monde matériel. La poétique est à la base de notre questionnement. *FLOW: Big Waters* s'est échafaudé pour l'essentiel à partir d'une recherche entamée dans notre studio-maison en janvier 2014, le projet se développant ensuite avec la création de divers éléments dans le sud de la Floride et plus tard, dans le sud-est du Nouveau-Brunswick. L'installation finale, lancée sous forme de carte sonore en ligne le 1er mars 2016, comprend une sélection de vidéos, de photographies et d'œuvres sonores.

Origines de FLOW: Big Waters

Le US National Park Service et AIRIE – Artistes en résidence dans les Everglades – nous ont invités à venir travailler dans le parc national des Everglades durant le mois de juillet 2014[3]. Notre façon de travailler en arts médiatiques est holistique, et l'idée d'interconnectivité dans l'écosystème du parc sous-tend la démarche que nous avons entreprise. Nous la concevions aux niveaux micro et macro : les relations entre la géographie des Everglades et ses habitants ; ceux qui habitent près de ses frontières ; et ceux qui, comme nous, s'y rendent pour communier avec l'environnement. En essayant de mieux cerner la place qu'occupe ce paysage unique dans le schéma global des ressources planétaires, nous avons étudié les éléments et les réseaux qui le composent. Cette exploration nous a permis de véritablement comprendre les systèmes de filtrage d'eau douce présents sous leur surface.

En plus de l'étonnante richesse subtropicale de la flore et de la faune des Everglades, l'histoire de la présence humaine dans un environnement aussi complexe nous interpelait. Maria Thomson, notre personne-ressource sur place et garde forestière du parc national, nous faisait remarquer que notre arrivée coïncidait avec le moment « d'éclosion de toutes les petites choses ». Dès le départ, nombre d'images poétiques se sont élevées des marécages et des marais…

Le marécage / marais comme métaphore
Depuis toujours, les marécages et les marais ont captivé l'imagination humaine. Au Moyen Âge, à en croire la théorie des miasmes, les gaz émis par les marécages provoquaient des maladies et même la mort. La théorie a été rejetée au 19e siècle, mais la métaphore du marécage comme lieu sinistre et inhospitalier se retrouve toujours dans la langue vernaculaire d'aujourd'hui. En anglais, on utilise le verbe *swamped* (de l'anglais *swamp* : marécage) pour dire « accaparé ». Lorsque nous avons trop de travail, l'anglais utilise l'expression *to be bogged down* (s'enliser : *bog* signifie marécage).

Les marais et les marécages sont depuis longtemps une source d'inspiration pour les artistes et les écrivains. Le poète irlandais Thomas Moore a écrit la ballade *Le lac du fatal marais* (1806). Dans le film *Psychose* (1960), Norman Bates immerge la voiture de Marion Crane dans un sombre marais et dans *L'histoire sans fin* (1984), Atreyu se débat dans les « marécages mortels de la mélancolie ». Notons également la « Créature du marais » des DC Comics (1971), moitié humanoïde, moitié plante, et les « Marais des chagrins », un territoire contesté dans le très populaire jeu en ligne *World of Warcraft* (2006). Plus proche de la vie réelle, le marécage sert parfois de décor à des téléréalités. Pensons par exemple à *Swamp People* (2010) (*Le peuple des marécages*) et à *Swamp Hunters* (2012) (*Les chasseurs des marécages*).

Les marais et les marécages ne sont pas toujours perçus négativement. Henry David Thoreau, qui a écrit sur les marais à plusieurs reprises durant sa vie, les considère comme des temples, source de vie nouvelle : « Je pénètre dans un marais comme en un lieu sacré[4]. » Les marais sont parmi les écosystèmes les plus précieux sur terre puisqu'ils sont de gigantesques systèmes de filtrage. Avec *FLOW: Big Waters*, nous avons exploré l'idée du marécage / marais comme métaphore de la décomposition et de la ruine, mais également comme agent transformateur du monde physique et spirituel.

Être là-bas (et ici)
Nous sommes arrivés en Floride par le nord. Alors que notre avion approchait de Miami, le pilote a

fait une annonce inintelligible concernant la température tout en s'évertuant à contourner des cellules orageuses. Une averse torrentielle a éclaté quelques heures après l'atterrissage. La pluie était forte, le ciel noir. C'était une grosse tempête, la première tempête tropicale de la saison 2014 des ouragans dans l'Atlantique. Ces tempêtes tropicales, qui prennent naissance dans les Caraïbes, suivent souvent le courant du Gulf Stream et remontent la côte atlantique jusqu'au Canada, où nous habitons. Celle-ci, qui deviendrait l'ouragan Arthur, se dirigeait vers le nord et donc vers notre ville. De nombreux avertissements ont été publiés sur le site web d'Environnement Canada: on prévoyait une tempête tropicale, des averses, des vents violents; des bulletins météorologiques spéciaux ont été émis, ainsi qu'un bulletin d'information spécial sur les cyclones tropicaux. De la Floride, nous avons suivi le trajet de l'ouragan Arthur tout en nous inquiétant pour notre maison. Au dernier moment, l'ouragan a dévié vers la gauche. D'importantes précipitations sont tombées sur notre région au Canada, mais ça ne ressemblait en rien au déluge annoncé. C'était assez incroyable d'assister, en Floride, à la naissance d'une tempête qui se déplaçait vers le nord, et qui est morte sur le seuil de notre porte. Cela nous a vivement rappelé l'interconnectivité de toutes les choses.

Notre compréhension de l'écologie des Everglades est basée sur le séjour de courte durée que nous y avons effectué. Malgré ce qu'on en dit, la région n'est pas un marécage, mais plutôt une rivière d'eau douce au débit peu rapide, une « rivière d'herbe[5] ». Dès la fin du 19e siècle, les agglomérations urbaines se sont multipliées dans la région, accompagnées d'une expansion agricole. Des projets d'ingénierie à grande échelle, destinés à réorienter l'écoulement de l'eau douce, ont été entrepris. Ces pratiques ont rapidement entraîné une baisse du niveau d'eau douce dans la région, ce qui a amené les écologistes à demander des mesures correctives. Le 6 décembre 1947 marque un moment clé de l'histoire du lobby écologique en faveur de la création du parc national des Everglades: le gouvernement fédéral américain a alors donné suite au projet de loi permettant l'acquisition des terres devant délimiter les frontières du parc[6].

Cette date marque le début d'un programme complexe d'acquisition de terres et de restauration du niveau des eaux. Depuis, plusieurs organismes privés et de nombreuses personnes ont joint leurs efforts afin de sensibiliser l'opinion publique aux particularités du parc et trouver du financement. Houston Cypress, membre de la tribu Mikasukis et directeur général du Clan des Loutres[7], est l'une de ces personnalités. Lors de notre participation à la conférence *AnthropoScene* à l'Université de Miami (mars 2015), nous avons eu le privilège de faire avec lui une excursion en hydroglisseur et d'explorer les marais Big Cypress au nord de la Tamiami Trail. En tant qu'invités d'Houston, nous avons visité sa maison familiale sur l'île. Le fait d'être là, dans cet établissement traditionnel, nous a permis de relier plusieurs aspects de notre recherche.

Depuis plus de 25 ans, nous collaborons à divers projets, de différentes façons. Le plus souvent, nous travaillons de manière à permettre à nos sensibilités individuelles de s'épanouir. C'est ce qui est arrivé avec le projet *FLOW: Big Waters*.

Durant nos marches exploratoires dans le parc, nous avons fait l'expérience des mêmes endroits, mais de nos points de vue respectifs. À la fin de chaque journée, nous examinions ensemble les séquences vidéo, les photographies et les bandes-son et sélectionnions nos préférées. À partir de là, nous écrivions poèmes et textes inspirés de la recherche. Parfois, nous revisitions certains sites afin de recueillir du matériel supplémentaire.

Durant les premiers jours dans les Everglades, nous avons parcouru autant de terrain que possible, enregistrant les sons ambiants et le bruit des insectes, et en consignant la température. Au lever et au coucher du soleil, les moustiques se heurtaient avec rage contre le microphone-canon; durant les heures de clarté, nous avons marché dans les eaux chaudes du marécage de la Pa-hay-okee; quand nous avons essayé d'avancer parmi les palétuviers de la Christian Point Trail[8], nous avons été chassés par des insectes énormes et affamés. Dans ce monde stratifié, nous étions aux prises avec les moustiques, les moustiquaires, l'humidité, le stress thermique et le DEET. Certain jour, chaque tâche s'avérait monumentale, chaque coup de tonnerre, chaque goutte de pluie intensifiaient et maximisaient notre expérience. Nous avons rapidement appris à fonctionner dans cet environnement. De partir en expédition tous les jours exigeait une préparation constante et de grands renforts de piles et d'eau. Et puisque l'enregistrement audio exige silence et immobilité, nous devenions des cibles faciles pour les hordes de moustiques. Dans un esprit d'adaptation, nous avons développé des mouvements qui ressemblent aux mouvements du tai-chi. L'image de mains gantées de caoutchouc bleu se déplaçant au ralenti est devenue le symbole d'une certaine paix.

ÊTRE ICI (ET LÀ-BAS) : REGARDS CROISÉS ET MODÈLES DE RESTAURATION

Si une comparaison est nécessaire pour parler de deux régions géographiques, les parallèles entre la Réserve de biosphère de Fundy[9] (UNESCO, 2007) et la biosphère des Everglades (Everglades et parc national de Dry Tortugas – déclarés réserve mondiale par l'UNESCO en 1976) ne sont pas difficiles à établir. Les poissons, les oiseaux migrateurs et les insectes utilisent les vents et les courants marins pour se rendre dans le nord en été et retourner vers la chaleur du sud de la Floride et des Everglades en hiver. Les deux régions ont instauré des programmes de restauration à long terme de leurs bassins hydrographiques. Malgré ces efforts pour réhabiliter, préserver et protéger l'écosystème du sud de la Floride, en 2010 l'UNESCO a remis les Everglades sur la liste des sites en danger en raison de « la dégradation importante et continue de l'écosystème aquatique[10] ». En Floride, par suite de l'élévation du niveau de la mer, l'eau salée s'insinue sous terre, s'infiltrant dans les nappes d'eau douce dont les niveaux sont amoindris. Dans plusieurs régions de la Floride et dans les cayes, la végétation souffre de cette infiltration d'eau salée. Lorsque l'UNESCO a désigné la baie de Fundy comme réserve biosphère en 2007, la désignation s'accompagnait de l'obligation d'ouvrir les vannes du pont-chaussée à Moncton, qui, depuis sa construction en 1968, bloquait le cours de la rivière Petitcodiac. Les vannes ont été ouvertes en avril 2010 et le flux de la marée, qui permet aux poissons de remonter librement le courant, a été restauré, du moins en bonne partie. Le canal en aval du pont-chaussée s'est élargi et le volume d'eau plus élevé a augmenté la capacité de la rivière de se débarrasser des dépôts de sédiments.

De tous les aspects que nous avons exploré dans le parc national des Everglades, c'est la présence humaine et son interaction avec l'environnement qui est devenu le point central de notre travail. Qu'il s'agisse de l'aire de piquenique abandonnée de Chekika, de la base de missiles Nike HM-69 ou des ruines de Deer Pen près de Paradise Key, toutes ces traces révélaient quelque chose de l'intervention humaine dans ces milieux naturels. Les traces du passage humain sont recouvertes, envahies pas les mauvaises herbes, rongées ou rouillées au fur et à mesure que les plantes, les animaux et le climat en reprennent possession. En regard des forces de la nature, ces sites envahis par la végétation peuvent être vus comme des *memento mori*, rappels de la mortalité. En même temps, ils attestent du rayonnement de la vie…

Parfois les projets se chevauchent et l'inspiration pour de nouvelles œuvres naît de ce processus. *Visible / Invisible* a germé à partir de *FLOW: Big Waters*. Ce nouveau projet est basé sur l'idée d'aménager un passage moins intrusif dans le paysage, de laisser le terrain dans l'état où nous l'avons trouvé. Nous planifions de continuer à le développer et d'en faire une série de performances et d'ateliers. Des performances ont déjà eu lieu dans le sud-est du Nouveau-Brunswick et à Miami, en Floride.

Pour obtenir plus de renseignements sur *FLOW: Big Waters*, veuillez consulter le site : flow.basicbruegel.com

Valerie LeBlanc et Daniel H. Dugas

Notes

1. Article paru dans *BILLIE: Undercurrents in Atlantic Canadian Visual Culture*, vol 1, n° 2, printemps 2016.

2. Le terme géopoétique a été créé par Kenneth White en 1979. Voir Federico Italiano, *Defining Geopoetics*, TRANS- 6 | 2008, 07 juillet 2008. Consulté le 29 décembre 2016. URL : http://trans.revues.org/299 (en anglais).

3. AIRIE – Artists in residence in Everglades, Inc. (artistes en résidence dans les Everglades), http://airie.org (en anglais). National Park service. URL: www.nps.gov/ever/index.htm (en anglais).

4. Henry David Thoreau, « Walking », *The Portable Thoreau*, New York, Penguin Books, 2012, p. 575.

5. Marjory Stoneman Douglas a été la première à utiliser le nom « rivière d'herbe » en 1947, dans son livre *The Everglades: River of Grass*. On dit que ce livre a attiré l'attention sur la dégradation de la qualité de vie dans les Everglades. La tribu des Indiens Mikasukis utilise le mot « Kahayatle » pour décrire les eaux miroitantes de ce milieu naturel. Madame Douglas a retracé l'étymologie du mot Everglades et a découvert que son origine provenait de la description de la qualité de lumière scintillant sur l'eau herbeuse. Site internet de « La tribu des Indiens Mikasukis de Floride ». Consulté le 29 décembre 2016. URL : www.miccosukee.com/tribe/ (en anglais).

6. Pour en savoir plus, voir *Everglades Digital Library*, « A Tale of Two Women, Marjory Stoneman Douglas and Marjorie Harris Carr ». Consulté le 29 décembre 2016. URL : http://everglades.fiu.edu/two/contents.htm (en anglais).

7. Site internet « Otter Vision ». Consulté le 29 décembre 2016. URL : www.ottervisionuniversal.com/ (en anglais).

8. *Christian Point Trail* aurait ainsi été baptisé après que des cadavres s'y soient échoués après l'ouragan de la Fête du travail de 1935.

9. UNESCO, *Science écologique et développement durable*. Consulté le 29 décembre 2016. URL : www.unesco.org/new/en/natural-sciences/environment/ecological-sciences/biosphere-reserves/europe-north-america/canada/fundy/ (en anglais).

10. UNESCO, *Le Parc national des Everglades inscrit sur la Liste du patrimoine mondial en péril*, 30 juillet 2010. Consulté le 29 décembre 2016. URL : http://whc.unesco.org/fr/actualites/638/.

FLOW: Big Waters[1]

There are many ways to map the world. In essence, a map is a set of coordinates that allow an interpreter to visit a geographical location. In a broader sense, a map can arguably be a set of musical notations or mental notes that recreate the atmosphere of an event. Essential personal coordinates of dates and passwords are used to map or describe personal identity itself. To recognize and maintain an interior set of grounding points becomes increasingly important, as all aspects of our physical world become the focus of mapping and tagging.

The information systems now available through the Internet continue to change our world vision. For artists, this means that work can be seen and experienced in locations other than their immediate surroundings. We now live within the perception and reality of a much larger landscape, so our concerns grow along with our awareness of that wider window. For example, as more people subscribe to the Internet, broader worldviews emerge. With increased participation, the opinion of each voice must be taken into account.

As this expanded reality forms, the world shrinks; world events stream into our homes and consciousness. What is happening "over there", shifts location as well.

FLOW: Big Waters could fall into the category of what Kenneth White[2] has labelled geopoetics. Each element of the project has its own working parameters, based on video poetry, photographs and sound mapping; in other words, each aspect is a project in itself. The various parts have been constructed from the distillation of our on-site research, Internet and print researched data. We have tried to connect the dots linking our personal perceptions to a larger sense of the physical world. Poetics form the base of our inquiry. While the plans for *FLOW: Big Waters* essentially started with research carried out in our home studio in January 2014, the project grew as various elements were created in South Florida and later in Southeast New Brunswick. The final installation, launched as an online soundmap on March 1st, 2016, included a selection of videos, photographs, and sound works.

ORIGINS OF FLOW: BIG WATERS

The US National Park Service and AIRIE—Artists in residence in the Everglades—invited us to work in the Park for the month of July 2014.[3] Our experience of working in media arts is holistic and the idea of interconnectivity in the Park's ecosystem captured our interest. We were visualizing it on macro and micro levels: the relationships between the Everglades geography and its inhabitants; those living close to its borders; and those, like ourselves, who go there to commune with the environment. In trying to understand more of where this unique landscape sits in the global scheme of planetary assets, we examined the components and networks that make up the Everglades. Through that we came to better appreciate the fresh water filtering systems breathing beneath its surfaces.

In addition to the subtropical intensity of the natural flora and fauna, the history of human presence in this complex environment was calling out to us. Ranger Maria Thomson, our National Park Service liaison, informed us that our arrival coincided with the time when "all of the little things hatch". From the outset, poetic visions were rising from the marshes and swamps…

SWAMP AS METAPHOR

The swamp is a place that has captivated the human imagination since the beginning of time. In the Middle Ages, the miasma theory held that gas emitted by the swamps caused disease and even death. This theory was dismissed in the 19th century, but the metaphor of the swamp as a sinister and forbidding place has been carried into the vernacular language of today. When we are busy, we say we are *swamped*, and when we have too much work, we say we are *bogged down*.

The swamp has long been an important inspiration for artists and writers. Irish poet Thomas Moore wrote *The Lake of the Dismal Swamp* (1806). In the movie *Psycho* (1960), Norman Bates pushes Marion Crane's car into a dark bog, and in *The Never Ending Story* (1984), Atreyu struggles in the deadly Swamp of Sadness. There is also the fictional *Swamp Thing*, the half humanoid, half plant creature of the DC Comics (1971) and the *Swamp of Sorrows*, a contested territory in the online game *World of Warcraft* (2006). Closer to everyday life, the swamp is sometimes the backdrop of TV reality shows. *Swamp People* (2010) and *Swamp Hunters* (2012) are two examples.

Swamps are sometimes viewed negatively, but not always. Henry David Thoreau wrote about swamps many times during his lifetime, viewing them as temples, sources of new life: "I enter a swamp as a sacred place".[4] Swamps are among the most valuable ecosystems on Earth, functioning as gigantic filtering systems. With *FLOW: Big Waters*, we have explored the idea of swamp as a metaphor for decay and ruin, and also as a transformative agent of the physical and spiritual.

Being there (and here)

We flew in from the north. As we approached Miami, the pilot made a garbled announcement about the weather while swerving to miss storm cells. The downpour started in earnest a few hours after we landed. The rain was heavy, the sky black. It was a big storm, the first tropical storm of the 2014 Atlantic hurricane season. Forming in the Caribbean, these storms often follow the Gulf Stream current and affect the Atlantic region of Canada where we live. Strengthening to become Hurricane Arthur, this one was tracking northward and our hometown was in the middle of its path. A slew of warnings had been posted on the Environment Canada website: tropical storm, rainfall, high winds and a tropical cyclone information statement. From Florida, we followed the evolution of Arthur and worried for our house. At the last moment, it veered left. Our home in Canada got a good soaking, but not the anticipated deluge. It was amazing to arrive in Florida in time to witness the birth of a storm that moved northward to die just outside our doorstep. And it was a reminder of the interconnectedness of all things.

Ecologically speaking, our understanding and experience of the Everglades is a relatively short moment in time. The area is not a swamp at all, but a slow moving fresh water river or river of grass.[5] Increased urban settlement, farming expansion and large-scale engineering projects that redirected freshwater flow were mainly begun in the latter part of the 19th century. Those practices were quickly deemed harmful to the baseline fresh water levels of the region and prompted ecologists to call for reversals. December 6, 1947 marked a key moment in the history of ecological lobbying dedicated to the creation of the Everglades National Park. That is when the US federal government followed up on the bill to acquire the lands necessary to define the Park boundaries.[6] It was also when a complicated program of future land acquisition and restoration of historical water levels began. Since then, many more private organizations and individuals have joined efforts to raise public awareness and funding for the Park. Houston Cypress, a Miccosukee tribe member and executive director of the Otter Clan,[7] is one such individual. While presenting at the *AnthropoScene Conference*, University of Miami (March 2015), we had the privilege of taking an airboat tour of the Big Cypress swamps north of the Tamiami Trail. As Houston's guests, we visited the family's island home. The reality of being there, in a traditional settlement, brought many aspects of our research together.

We have collaborated for over 25 years on various projects, and the kinds of collaborations we do are diverse. Often we work within a framework that allows for individual sensitivities to bubble to the surface. This is the case with *FLOW: Big Waters*. As we hiked and explored, we experienced the same locations from our individual perspectives. At the end of the day, we reviewed the video footage, photographs and soundtracks, highlighting our favorites. From there, we worked on poems and stories inspired by our research. Sometimes we revisited sites to gather additional material.

During the first few days in the Everglades, we covered as much ground as possible, recording ambient sound, the weather, and the insects as we went. Mosquitoes hit the shotgun mic with anger at sunrise and sunset, and we walked in the warm waters of the slough at Pa-hay-okee during the daylight hours. When we tried to hike among the mangroves at Christian Point Trail,[8] we were driven back by overgrowth and hungry insects. We were in a world of layers and had to struggle through the mosquitoes, mosquito nets, humidity, heat stress and DEET. On some days, each task was monumental, with every clap of thunder and every raindrop intensifying and maximizing the experience. We quickly learned to operate within the environment. To be out there each day required consistent preparation and backup supplies of batteries and water. Because audio recording demands silence and stillness, we were the obvious target for hordes of skeeters. In the spirit of adaptation, we developed Tai Chi-like movements to silently repel them away from the microphone pickup area. This slow motion waving of blue rubber gloved hands became the symbol of a certain level of peace.

Being here (and there): comparative glances at restoration models

If a comparison is necessary when speaking of two geographical regions, the links between the Fundy Biosphere reserve (UNESCO, 2007) and the Everglades Biosphere (Everglades & Dry Tortugas—first designated by UNESCO as a World reserve[9] in 1976) are not difficult to find. We share the winds and the water currents that carry fish, migratory birds, and insects north to us in the warmer weather and south to Florida and the Everglades in the winter. Both regions are carrying out long-range watershed restoration programs. In spite of these efforts to restore, preserve and protect the South Florida ecosystem, UNESCO placed the Everglades back on the list of Sites in Danger in 2010 because of "serious and continuing degradation of its aquatic ecosystem".[10] One problem in Florida is that rising sea levels are leeching underground into decreased baseline levels of fresh water. In many of the mainland and Florida Key pinelands, the vegetation is suffering from this saltwater infiltration. When UNESCO designated the Bay of Fundy as a biosphere reserve in 2007, the designation came with the responsibility of opening the causeway that had blocked the Petitcodiac river's flow since its construction in 1968. The causeway gates were opened in April 2010 and the tidal flow that permits fish to travel freely upstream was partly restored. The channel downstream of the causeway widened and higher water volumes increased the river's capacity to flush itself of ocean silts.

Of all the layers contained in the Everglades National Park, it was the human presence and interaction that became the focus of our work.

Whether it was the recently abandoned Chekika day use area, Nike Missile base HM-69 or the Deer Pen ruins near Paradise Key, all of these traces revealed something about human intervention within natural settings. Trace elements become covered, over-grown, eaten or corroded as plants, animals and climate reclaim them. Within the operating forces of nature, overgrown sites can be seen as *memento mori*, reminders of mortality. At the same time, they are also evidence of life reverberating…

Projects sometimes overlap and the inspiration for new works can rise out of the process. *Visible/Invisible* has been growing out of *FLOW: Big Waters* and we plan to continue to develop it as a series of performances and workshops. This project is based on the idea of creating a less intrusive passage in the landscape, of leaving land in the same condition as it was found. To date, the performances have taken place in Southeastern New Brunswick and in Miami, Florida.

For more information about *FLOW: Big Waters*, please go to: flow.basicbruegel.com

VALERIE LEBLANC AND DANIEL H. DUGAS

Notes

1. First published in *BILLIE: Undercurrents in Atlantic Canadian Visual Culture*, vol . 1, no 2, Spring 2016.

2. Kenneth White first coined the term "Geopoetics" in 1979, see Federico Italiano, *Defining Geopoetics*, TRANS-, n° 6, 2008, posted online July 7, 2008. Consulted December 29, 2016. URL: http://trans.revues.org/299.

3. *AIRIE – Artists in Residence in Everglades*, Inc.
URL: http://airie.org (in English); *NPS, National Park Service*.
URL: www.nps.gov/ever/index.htm.

4. Henry David Thoreau, "Walking", in *The Portable Thoreau*, New York, Penguin Books, 2012, p. 575.

5. Marjory Stoneman Douglas coined the term "*River of Grass*", in her book *The Everglades: River of Grass* published in 1947. It is described as a call to attention about the degrading quality of life in the Everglades. In their own language, the Miccosukee Tribe of Indians use the word "Kahayatle" to refer to the shimmering waters of this natural area. Ms. Douglas traced the etymology of the word "Everglades", revealing that it originates from the same description of the quality of light glimmering on the grassy waters. Website of the "Miccosukee Tribe of Indians of Florida", URL: http://www.miccosukee.com/tribe/.

6. For more information, see *Everglades Digital Library*, "A Tale of Two Women, Marjory Stoneman Douglas and Marjorie Harris Carr". Consulted December 29, 2016.
URL: http://everglades.fiu.edu/two/contents.htm.

7. Website of the "Otter Vision". Consulted December 29, 2016.
URL: www.ottervisionuniversal.com/.

8. *Christian Point Trail* got its name when bodies washed up there after the 1935 Labor Day Hurricane.

9. UNESCO, *Ecological Sciences for Sustainable Development*. Consulted December 29, 2016.
URL: www.unesco.org/new/en/natural-sciences/environment/ecological-sciences/biosphere-reserves/europe-north-america/canada/fundy/.

10. UNESCO, *World Heritage Committee inscribes Everglades National Park on List of World Heritage in Danger*, July 30, 2010. Consulted December 29, 2016. URL: http://whc.unesco.org/en/news/638/.

Des extraits du programme d'œuvres sonores de *FLOW: Big Waters* ont été présentés au / Excepts from the soundwork of *FLOW: Big Waters* have been presented:

– Subtropics Marathon 2015, Audiotheque studios, Miami Beach, Floride (mars 2016).

Différentes versions du programme vidéo de *FLOW: Big Waters* ont été présentées / Different versions of the video program of *FLOW: Big Waters* have been presented:

– About Florida Bay, AIRIE Nest Gallery, Everglades National Park (octobre 2017-janvier 2018) ; – Liberated Words Festival, Bristol, UK. (juin 2016) ; – In Conversation with AIRIE, auditorium du Perez Art Museum, Miami, Floride (décembre 2015) ; – FILE 2015 – Electronic Language International Festival, São Paulo, Brésil (juin-juillet 2015) ; – Subtropics Marathon 2015, Audiotheque studios, Miami Beach, Floride (mars 2015) ; – *AnthropoScene: Art and Nature in a Manufactured Era*, University of Miami, Floride (mars 2015) ; – AIRIE in the Garden, Pinecrest, Floride (janvier 2015) ; – The Swamp pop-up lounge, Salon du livre de Miami, Floride (novembre 2014).

Autres représentations / Other presentations

– Kistrech Poetry Festival, Kisii University, Kenya (octobre 2016) ; – Developing *FLOW: Big Waters*, Creative arts summer camp (MoCA, Museum of Contemporary Art, North Miami), Dante Fascell Center, Biscayne National Park, Floride (juillet 2014) ; – Le travail photographique du projet fait partie de la collection du US National Park Service et de la Banque d'œuvres d'art du Nouveau-Brunswick.

Listes des œuvres et leur auteur

Vidéopoèmes par Daniel H. Dugas : Une heure ; Là ; Des choses ; Niké ; Le marécage.

Marches sonores par Daniel H. Dugas : Chekika, la zone ; Un tout petit point de lumière ; La dernière panthère ; La sentinelle ; Les oiseaux nous ont désertés ; La caye du Paradis, un parc national à l'envers ; La fin du monde.

Vidéopoèmes par Valerie LeBlanc : La mort, le matin ; Nocturne / submersion ; Floride, effet cumulatif ; Cumulus bourgeonnants ; La batture de Sweet Water.

Marches sonores par Valerie LeBlanc : Chekika, l'abandonnée ; Désertion nocturne ; Nike, 1962 : prélude pour un futur antérieur ; L'automobile de Marion ; Le chapeau sur le pont.

Work according to each author

Videopoems by Valerie LeBlanc: Death in the Morning; Nocturnal/Submersion; Florida Cumulative; Cumulus Congestus; Sweet Water Strand.

Soundwalks by Valerie LeBlanc: Chekika, the Abandoned; Nocturnal Desertion; Nike 1962: Prelude to the Future Past; Marion's Car; The Hat on the Bridge.

Videopoems by Daniel H. Dugas: One Hour; Yonder; Things; Nike; In the Swamp.

Soundwalks by Daniel H. Dugas: Chekika, the Zone; A Ridiculously Small Spot of Light; The Last Panther on Earth; Bunker Boy; The Birds Have Flown Away From Us; Paradise Key, a National Park in Reverse; The End of the World.

Biographies

Daniel H. Dugas

Artiste numérique, poète et musicien, Daniel H. Dugas a participé à des expositions individuelles et de groupe ainsi qu'à plusieurs festivals et événements de poésie en Amérique du Nord, en Europe et en Australie. Son neuvième recueil de poésie *L'esprit du temps / The Spirit of the Time* publié aux Éditions Prise de parole, a remporté en 2016 le Prix Antonine-Maillet-Acadie Vie.

Daniel H. Dugas is a poet, musician and videographer. He has participated in solo and group exhibitions as well as festivals and literary events in North America, Europe and Australia. His ninth book of poetry: *L'esprit du temps / The Spirit of the Time*, published by Éditions Prise de parole, won the 2016 Antonine-Maillet-Acadie Vie award.

daniel.basicbruegel.com

Valerie LeBlanc

Originaire de Halifax, Valerie LeBlanc est une vidéaste, poète, performeuse et essayiste. Cette artiste pluridisciplinaire a travaillé au Canada et aux États-Unis et a exposé ses œuvres en Europe, en Australie et à São Paulo, au Brésil. Elle crée des poèmes vidéo depuis le milieu des années 1980. Son travail oscille entre le remarquable et le quotidien. Elle a créé, en 2005, le MediaPackBoard (MPB), un appareil de projection mobile pour la performance.

Originally from Halifax, pluridisciplinary artist Valerie LeBlanc's work includes video, poetry, essays, and performance. She has lived and worked throughout Canada, the United States, and has created/exhibited work in Europe, Australia and in São Paulo, Brazil. Videopoet since the mid 1980's, her work oscillates between monumental time and the non-spectacular aesthetic of daily life. In 2005, she created the MediaPackBoard (MPB), a performance / projection device for mobile presentation.

valerie.basicbruegel.com

Felice Grodin

Felice Grodin est une artiste dont la pratique questionne les différents modes d'interprétation de l'environnement. Elle a participé à plusieurs expositions autant au niveau local, national qu'à l'international. Felice est membre de l'*Alliance of the Southern Triangle* (AST) et *Fall Semester*.

Elle est l'auteure de nombreux articles publiés dans différentes publications, dont *The Miami Rail*. Felice Grodin détient un baccalauréat en architecture de l'Université Tulane et une maîtrise en architecture avec mention de l'Université Harvard.

Felice Grodin is an artist whose practice focuses on alternative landscapes. Exhibited in local, national and international exhibitions, Felice is a member of the *Alliance of the Southern Triangle* (AST) and *Fall Semester*.

She has contributed essays to various publications including *The Miami Rail*. Felice Grodin completed her Bachelor of Architecture from Tulane University and a Master of Architecture with Distinction from Harvard University.

felicegrodin.com

Palétuviers, Paurotis Pond
Mangroves, Paurotis Pond

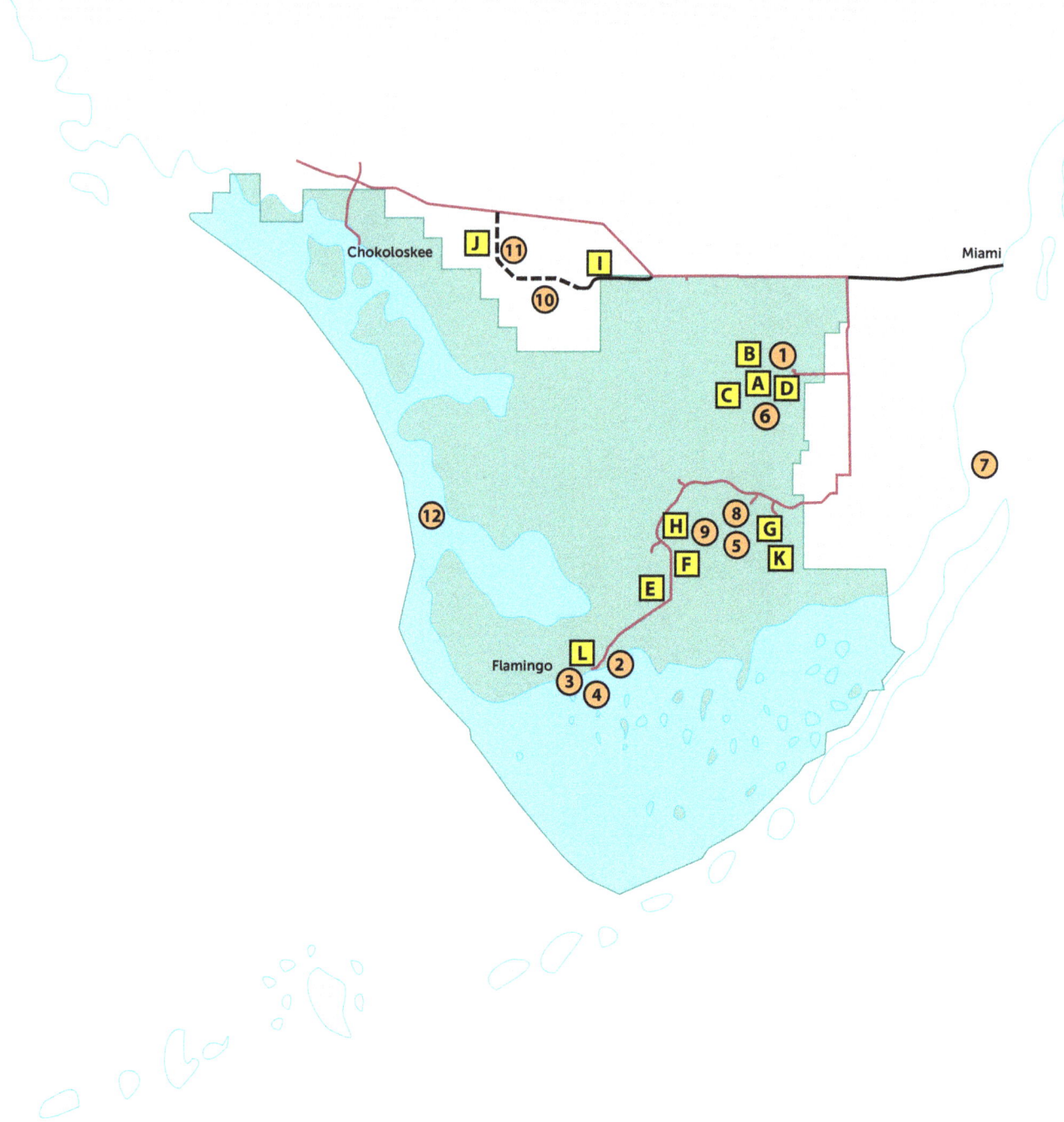

Marches sonores / Soundwalks

- **A** *Chekika, l'abandonnée/Chekika, the Abandoned*, Chekika.
- **B** *Chekika, la zone/Chekika, the Zone*, Chekika.
- **C** *Un tout petit point de lumière / A Ridiculously Small Spot of Light*, Chekika.
- **D** *Désertion nocturne/Nocturnal Desertion*, Chekika.
- **E** *La dernière panthère / The Last Panther on Earth*, Old Ingraham Highway.
- **F** *Niké, 1962 : prélude pour un futur antérieur / Nike 1962: Prelude to the Future Past*, HM69 Nike Missile base.
- **G** *La sentinelle/Bunker Boy*, Old Ingraham Highway.
- **H** *Les oiseaux nous ont désertés / The Birds Have Flown Away From Us*, HM69 Nike Missile base.
- **I** *L'automobile de Marion / Marion's Car*, Loop road.
- **J** *Le chapeau sur le pont/The Hat on the Bridge*, Loop Road.
- **K** *Paradise Key, un parc national à l'envers / Paradise Key, A National Park in Reverse*, Paradise Key.
- **L** *La fin du monde/The End of the World*, Flamingo.

Vidéopoèmes / Videopoems

1. *Pèlerinage/Pilgrimage*, Chekika.
2. *Une heure/One Hour*, Flamingo.
3. *La mort, le matin (plumes) / Death in the Morning (feathers)*, Flamingo.
4. *La mort, le matin (eau) / Death in the Morning (water)*, Flamingo.
5. *Là/Yonder*, Hole-in-the-Donut (HID).
6. *Nocturne/submersion/Nocturnal/Submersion*, Chekika.
7. *Des choses/Things*, Biscayne National Park.
8. *Floride, effet cumulatif/Florida Cumulative*, Long Pine Key.
9. *Nike*, HM69 Nike Missile base.
10. *Dans les marécages/In the Swamp*, Loop Road.
11. *La batture de Sweet Water/Sweet Water Strand*, Loop Road.
12. *Exotique contre exotique/Exotic vs. Exotic*, Shark River.

Remerciements
Acknowledgements

Le Conseil des arts du Nouveau-Brunswick / The New Brunswick Arts Board
Le Conseil des arts du Canada / Canada Council for the Arts
AIRIE – Artists in Residence in Everglades
U.S. National Park Service
Everglades National Park
Knight Foundation
Webcore Labs Inc.

Deborah Mitchell
Sabrina Diaz
Maria Thomson
Bonnie Ciolino
Ryan Meyer
Kevin Bowles Mohr
Steven Tennis
Hillary Cooley
Jimi Sadle
Skip Snow
Thomas Rahill and The Swamp Apes
Jonathan E Taylor
Julie Abreu
Rick Anderson
Linda Bennett
Al Rubesa
Subtropics.org
Gustavo Matamoros

Claudia Ariano
University of Miami
Gina Maranto
Keith Waddington
Andee Leigh Holzman
Traia Thiel
Mark McDonnell
Lucinda Linderman
Miami Book Fair International
Dante Fascell Visitor Center, Biscayne National Park
Love the Everglades Movement
Houston Cypress
Pamela Heller
FILE 2015
Billie magazine
Beaverbrook Art Gallery
Terry Graff
Ingrid Mueller
Edgar Allen Beem
Maggie Estey
Kimberley Dunn
John Maher
Mark McPhee
Rebecca Rideout
Matt Mullins
Adam Tindale
Alisdair McGregor

Melanie Clifford
Howard Jacques
Lucy English
Sarah Tremlett

La vieille route de Ingraham
Old Ingraham Hwy

Table des matières
Contents

Vidéopoèmes / Videopoems

Pèlerinage	13
Pilgrimage	15
Une heure	17
One Hour	19
La mort, le matin	23
Death in the Morning	25
Là*	29
Yonder**	31
Nocturne/submersion	33
Nocturnal/Submersion	35
Des choses	37
Things	39
Floride, effet cumulatif	41
Florida Cumulative	43
Cumulus bourgeonnants	45
Cumulus Congestus	48
Niké	51
Nike	53
Le marécage	55
In the Swamp	57
La batture de Sweet Water	59
Sweet Water Strand	61

Marches sonores / Soundwalks

Chekika, l'abandonnée	65
Chekika, the Abandoned	69
Chekika, la zone	73
Chekika, the Zone	76
Un tout petit point de lumière	79
A Ridiculously Small Spot of Light	81

Désertion nocturne	83
Nocturnal Desertion	88
La dernière panthère	93
The Last Panther on Earth	96
Nike, 1962 : prélude pour un futur antérieur	99
Nike 1962: Prelude to the Future Past	105
La sentinelle	111
Bunker Boy	113
Les oiseaux nous ont désertés	115
The Birds Have Flown Away From Us	117
L'automobile de Marion	119
Marion's Car	122
Le chapeau sur le pont	125
The Hat on the Bridge	130
La caye du Paradis, un parc national à l'envers	135
Paradise Key, a National Park in Reverse	137
La fin du monde	139
The End of the World	142

Documents

Jusqu'où est-il possible de voir ?	146
How Far Can We See?	152
FLOW: Big Waters	158
FLOW: Big Waters	166
(BILLIE: Undercurrents in Atlantic Canadian Visual Culture)	
Biographies	176
Carte / Map	178
Remerciements / Acknowledgements	180

---

* Note sur la bande son du vidéopoème « Là »
Yonder Sits a Humble Creature, chanté par Matilda Keene
The State Archives of Florida, Florida Memory

** Note on the soundtrack videopoem "Yonder"
Yonder Sits a Humble Creature, sung by Matilda Keene
The State Archives of Florida, Florida Memory

www.ingramcontent.com/pod-product-compliance
Lightning Source LLC
Chambersburg PA
CBHW041244240426
43670CB00027B/2985